## はじめに

　小さな会社で「事務スタッフ」をされているみなさんには、「領収証や請求書などの整理」「支払管理」「会計ソフト入力」「給与計算」「採用・人事」「総務」など、バックオフィス業務の多くが集中していることでしょう。この本はそのような方に向けて書きました。

　「支払管理」や「給与計算」は毎月決まった日までに行わなければならず、「領収証や請求書などの整理」や「会計ソフト入力」も滞らないよう、こなしていかなければなりません。定例業務ですでに手いっぱいなのに「新しい契約をした」「備品が欲しい」など、イレギュラーな相談や要望が事務スタッフのみなさんのもとに持ち込まれていることでしょう。そして、定例業務でもイレギュラーな相談等でも必ず「消費税ってどうしたらよいの？」という悩みがつきものです。例えば、海外に住んでいる人にも商品を売りたい、外国人観光客向けのサービスを始めたいというとき、消費税はどうなるのでしょう？（くわしくは第1章）

　この本はそのような消費税の悩みに答えるため、第1章「販売・営業活動と消費税」、第2章「仕入れ・購買と消費税」、第3章「人事・福利厚生と消費税」、第4章「総務の業務と消費税」、第5章「経理・決算・申告業務と消費税」、第6章「会社経営・自社株と消費税」というバックオフィスの業務別に、Q&A形式で解説しました。イラストや図解、書類の実例も多く盛り込み、実務にすぐに役立つ内容になっています。机の端に常備して、ちょっと困ったときにめくってみてください。

　そしてもう一つ。この本は消費税だけにとどまらず、根本の考え方となる会計や経営の基礎もちりばめています。バックオフィス業務の多くをオールラウンドにこなして会社を支えているみなさんには、社長もとても期待しているはずです。スキルアップの第一歩となれば幸いです。

　令和6年10月

税理士　石川　幸恵

# CONTENTS

## 第1章 販売・営業活動と消費税

- Q1-1 売上げを計上するタイミング ……… 2
- Q1-2 半金を売上げとして計上するタイミング ……… 4
- Q1-3 期をまたぐ半金の取扱い(商品の受渡し前) ……… 6
- Q1-4 期をまたぐ半金の取扱い(商品の受渡し後) ……… 7
- Q1-5 振込額と売上高が異なる場合 ……… 8
- Q1-6 振込手数料が売主負担の場合 ……… 10
- Q1-7 値引きと売上高 ……… 12
- Q1-8 小売店・飲食店の商品の表示価格 ……… 13
- Q1-9 見積書の表示価格 ……… 14
- Q1-10 総額のみ表示している場合の消費税計算 ……… 14
- Q1-11 領収証への宛名の記載 ……… 15
- Q1-12 領収証へ記載する取引内容の書き方 ……… 17
- Q1-13 免税事業者が作成する請求書 ……… 18
- Q1-14 免税事業者への支払通知書に記載された消費税 ……… 19
- Q1-15 健康食品と軽減税率 ……… 19
- Q1-16 クレジット支払いを受けたときの経理処理 ……… 20
- Q1-17 カード会社からの入金処理 ……… 21
- Q1-18 値引券に記載する値引額と消費税 ……… 22
- Q1-19 値引券の利用と値引額の処理 ……… 22
- Q1-20 値引券の利用とテイクアウト時の消費税率 ……… 23
- Q1-21 共通ポイントが利用されたとき ……… 24
- Q1-22 共通ポイントへ加算されたとき ……… 25
- Q1-23 自社オリジナルの商品券を販売したとき ……… 27
- Q1-24 自社オリジナルの商品券が利用されたとき ……… 28
- Q1-25 自社オリジナルのポイントを付けたとき ……… 29
- Q1-26 自治体発行のクーポン券と売上げ計上のタイミング ……… 31
- Q1-27 ECサイトからの振込額と経理処理 ……… 32

| Q1-28 | 宿泊予約サイトを通じた予約受付時の注意点 | 34 |
| Q1-29 | お友だち紹介キャンペーンで支払った紹介料 | 36 |
| Q1-30 | 請負契約・準委任契約と消費税 | 37 |
| Q1-31 | 外国人観光客へのサービスにかかる消費税 | 38 |
| Q1-32 | 免税店と消費税の関係 | 39 |
| Q1-33 | 20万円以下の商品を輸出したとき(輸出申告と輸出免税) | 40 |
| Q1-34 | 輸出代行業者へ委託した場合の保存書類と手続き | 41 |
| Q1-35 | 飲食店で受け取った簡易インボイスのチェックポイント | 43 |
| Q1-36 | 飲食店でテイクアウトを追加で注文したとき | 45 |
| Q1-37 | 取引先とのゴルフの領収証で注意したいこと | 47 |
| Q1-38 | インボイス発行事業者でないお店での接待と1万円基準 | 49 |
| Q1-39 | 保険金で弁償したときの消費税の取扱い | 52 |
| Q1-40 | 期日を過ぎても代金が振り込まれないとき(貸倒れの判断) | 53 |
| Q1-41 | 貸倒れ処理と消費税の控除 | 54 |
| Q1-42 | 取引先の法的整理と貸倒れ処理のタイミング | 56 |

# 第2章 仕入れ・購買と消費税

| Q2-1 | 仕入れを計上するタイミング(検収) | 58 |
| Q2-2 | 発注から仕入れまで期をまたぐ場合 | 59 |
| Q2-3 | 仕掛かりの場合 | 62 |
| Q2-4 | 出来高検収書による支払いの場合 | 63 |
| Q2-5 | 期末棚卸資産の単価と消費税 | 63 |
| Q2-6 | リベートを受け取ったとき | 64 |
| Q2-7 | 売れ残り商品を廃棄したとき | 65 |
| Q2-8 | 不良品を返品したとき | 66 |
| Q2-9 | 債務を代物弁済したとき | 67 |
| Q2-10 | ひとり親方・従業員の違いと消費税の取扱い | 68 |
| Q2-11 | 年間の課税売上高1,000万円超とは | 69 |
| Q2-12 | 免税事業者への発注額 | 70 |
| Q2-13 | 海外居住者へ報酬を支払うとき | 72 |
| Q2-14 | 輸入品にかかる消費税 | 73 |

## 第3章 人事・福利厚生と消費税

- **Q3-1** 給与以外の各種手当と消費税 ... 76
- **Q3-2** 各種手当に関するインボイスの保存 ... 78
- **Q3-3** 現物給与にかかる源泉所得税と消費税 ... 79
- **Q3-4** 派遣社員の給料と消費税 ... 80
- **Q3-5** 毎月の社会保険料の支払い ... 81
- **Q3-6** 健康診断にかかる費用 ... 81
- **Q3-7** 海外出張の支度金 ... 81
- **Q3-8** 借上げ社宅の家賃 ... 82
- **Q3-9** 社宅家賃の従業員負担分 ... 82
- **Q3-10** 退職金を支給したとき ... 82
- **Q3-11** 現物支給による退職金 ... 83
- **Q3-12** 退職勧奨の解決金 ... 84
- **Q3-13** オフィス向け宅配弁当代の一部を負担したとき ... 85
- **Q3-14** 忘年会でのビンゴ大会の景品と消費税率 ... 87
- **Q3-15** 出産祝いとしてカタログギフトを支給したとき ... 88
- **Q3-16** 従業員のご家族が亡くなったときの香典 ... 88

## 第4章 総務の業務と消費税

- **Q4-1** 郵便局で切手を購入したとき ... 90
- **Q4-2** 切手の購入とインボイス ... 91
- **Q4-3** 商品券で事務用品を買ったとき ... 92
- **Q4-4** ECサイトでポイントが付与されたとき ... 94
- **Q4-5** ECサイトのポイントを利用したとき ... 95
- **Q4-6** 1年分の保守料を前払いしたとき ... 98
- **Q4-7** 複合機のリース契約をしたとき ... 99
- **Q4-8** 海外事業者が提供する有料アプリの利用料 ... 102
- **Q4-9** 社用車の車検費用 ... 104
- **Q4-10** 社屋ビルの雨漏り修理をしたとき ... 105
- **Q4-11** 社屋ビルに避難階段を取り付けたとき ... 105

| Q 4 - 12 | 自社ビルと土地を売却したとき | 106 |
| Q 4 - 13 | 土地・建物の売却と固定資産税等 | 108 |
| Q 4 - 14 | 創業10周年記念パーティーの参加費 | 109 |
| Q 4 - 15 | 地元の学園祭へ広告を出したとき | 111 |
| Q 4 - 16 | 従業員一同で受けた祈祷料 | 112 |
| Q 4 - 17 | 海外出張の航空券と旅客サービス施設利用料 | 112 |
| Q 4 - 18 | 海外で払う現地の消費税 | 113 |
| Q 4 - 19 | 源泉所得税と消費税の計算ルール | 113 |
| Q 4 - 20 | 免税事業者への源泉徴収と消費税 | 114 |
| Q 4 - 21 | 地震で生産設備が使えなくなったとき | 115 |
| Q 4 - 22 | 火災で帳簿書類が焼失したとき | 117 |
| Q 4 - 23 | 災害による国からの給付金 | 119 |

# 第5章 経理・決算・申告業務と消費税

| Q 5 - 1 | 税抜経理と税込経理の選び方 | 122 |
| Q 5 - 2 | 帳簿・書類（データ）の保存 | 123 |
| Q 5 - 3 | 会計ソフトを使った帳簿の入力項目 | 127 |
| Q 5 - 4 | 1か月分の出張旅費の入力 | 129 |
| Q 5 - 5 | レシートと会計ソフトで消費税が違うとき | 130 |
| Q 5 - 6 | 消費税率が異なるものを同時に購入したときの仕訳 | 132 |
| Q 5 - 7 | 設備投資で補助金が交付されたとき | 133 |
| Q 5 - 8 | 金融機関からの借入れ | 134 |
| Q 5 - 9 | 売掛金を担保として提供したとき | 135 |
| Q 5 - 10 | 返済が滞った場合の担保と消費税 | 136 |
| Q 5 - 11 | 借入れの保証料 | 138 |
| Q 5 - 12 | 簡易課税のメリット・デメリット | 139 |
| Q 5 - 13 | 一般課税と簡易課税の選択のタイミング | 141 |
| Q 5 - 14 | 消費税の中間申告とは | 142 |
| Q 5 - 15 | 中間申告の納付方法 | 144 |
| Q 5 - 16 | 中間申告の納付期限 | 145 |
| Q 5 - 17 | 納税証明書の入手方法 | 147 |
| Q 5 - 18 | 仮決算による中間申告 | 148 |

| Q5-19 | 修正申告で納付した消費税の経理処理 | 149 |
| Q5-20 | インボイス発行事業者の登録開始時期 | 150 |

# 第6章 会社経営・自社株と消費税

| Q6-1 | 配当金を支払うとき | 154 |
| Q6-2 | 増資するとき | 155 |
| Q6-3 | 事業協同組合を脱退するとき | 156 |
| Q6-4 | 子会社を設立するとき | 157 |
| Q6-5 | M&Aで子会社になるとき | 159 |
| Q6-6 | 会社を解散・清算するとき | 160 |
| Q6-7 | 個人事業者が会社を設立するとき | 163 |
| Q6-8 | 個人事業者が廃業するとき | 164 |

―――― 巻末付録 ――――

| この収入の消費税はどう扱われる? | 166 | 課税事業者／免税事業者判定フローチャート | 175 |
| こんなときはこの届出書／申請書 | 168 | 高額な資産の取得による影響チェック | 176 |
| この売上げの税率は? | 171 | インボイスチェックリスト | 178 |
| 迷いやすい簡易課税の事業区分 | 172 | インボイス不要の取引一覧 | 179 |
| 一般課税? 簡易課税? 確認フローチャート | 174 | | |

(注1) 本書の内容は、令和6年9月1日現在の法令等に基づいています。
(注2) 本書で使用する「消費税」という用語は、消費税および地方消費税を含みます。

ユキエ先生

消費税をめぐるさまざまな疑問について、100問以上のQ&Aでやさしく解説しました。いっしょに見ていきましょう!

第 **1** 章

# 販売・営業活動と消費税

事業を立ち上げたら、まず売上げを上げることが一番の課題です。
　第1章では、商品を販売したときやサービスを提供したときの消費税、商談につなげるための営業活動に関わる消費税について解説します。

## Q 1-1 売上げを計上するタイミング

売上げを計上する日は「お金が振り込まれた日」ですか？
それとも「請求書の作成日」ですか？

売上げを計上する日は、「お金が振り込まれた日」でも「請求書の作成日」でもありません。

原則として次のような日が、売上げを計上する日です。

### ● 商品の販売
商品を引き渡した日です。

### ●（商品の引渡しのない）請負の仕事、サービスの提供
仕事の完了した日や、サービス提供が完了した日です。

### ● 貸付け
後払いの場合は、契約書などで決めた支払日です。
先払いの場合は、貸付けを行った日です。

この「売上げを計上する日」が原則として消費税法上でも「課税売上げ」、「非課税売上げ」、「免税売上げ」を行った日となります（→ Q1-2 売上げ・課税売上げ・非課税売上げ・免税売上げ・不課税）。

### 商品の「引き渡しの日」とは？

あなたの会社が行っているビジネスでは、どのような商品を扱っていますか。畑で収穫した農作物、工場で生産した製品、パソコンで作成した報告書、プログラム、デジタルコンテンツ……。ほかにも、これまで想像もつかなかったような商品が、どんどん増えています。

このため、「引き渡しの日」が「売上げを計上する日」と言われても、「はい、どうぞ」と直接手渡せるような形のある商品ではなかったり、商品を取引相手に渡した後に検品や修正対応があるため、ビジネスの完了はまだまだ先、ということもあるでしょう。このように考えると「引き渡しの日」の候補はいくつかあります。

「引き渡しの日」として考えられるのは
- 作業を完了した日
- 相手方の受入場所へ搬入した日
- 相手方が検収を完了した日
- 相手方において使用収益ができることとなった日

などです。

これらのうち、いつの日をもって「引き渡しの日」とするかは、商品の種類や性質、契約の内容に応じて、事業者自身が決めるものです。

ただし、一度決めた基準は特別な事情がない限り、継続しなければなりません（→ **Q4-6　重要性の原則・継続性の原則**）。

## Q 1-2　半金を売上げとして計上するタイミング

大型の契約が決まり、契約金額の半金を前払いしてもらいました。
とりあえずこの半金を、売上げとして計上すればよいですか？

半金をもらっただけでは、売上げにはなりません。
半金をもらったときは、会計ソフトに次のように入力します。

| 日　付 | 借方科目 | 借方金額 | 貸方科目 | 貸方金額 | 取引先 |
| --- | --- | --- | --- | --- | --- |
|  | 消費税区分 | （内 消費税） | 消費税区分 | （内 消費税） | 摘　要 |
| 2024/12/5 | 普通預金 | 5,500,000 | 前受金 | 5,500,000 | △△商事 |
|  | 不課税 | ― | 不課税 | ― | ○○商品　前受金 |

　上記に「不課税」とあるとおり、「半金をもらう」という取引には、消費税はかかりません。

### 売上げ・課税売上げ・非課税売上げ・免税売上げ・不課税

　本書では、商品を売ったり、貸し付けたり、サービスを提供したりして収益を得ることを「売上げ」と表現しています。このうち、商品やサービスの内容が下記の <u>消費税の非課税取引</u> にあたるものは「非課税売上げ」、非課税取引にあたらないものは「課税売上げ」です。

　輸出などの「免税売上げ」は、法律的には「課税売上げ」の一部で、消費税が免除される売上げです。

　では、「不課税」とは何でしょうか？　不課税とは、商品の販売・貸付けやサービス提供そのものと直接関係しないものです。具体的には、上記の前受金のような、商品の販売・貸付けやサービス提供そのものに先立つお金のやり取り、売掛金の回収や買掛金の支払いなど商品の販売・貸付けやサービス提供そのものが済んだ後のお金のやり取り、配当金、借入金、ご祝儀など商品の販売・貸付けやサービス提供の対価ではないお金のやり取りなどをいいます。

　非課税、免税、不課税はよく似た言葉ですが、経理処理の場面において「非課税」「免税」「不課税」を混同してしまうと、本来納めるべき消費税よりも少なく計算されてしまう可能性があります。わからない取引が出てきたら、顧問税理士などに確認しましょう。

## 消費税の非課税取引

消費税法で定められている消費税の非課税取引は、次の13項目です。

① 土地の譲渡および貸付け（→ **Q4-12**、**Q4-13**）
② 有価証券や売掛金、暗号資産などの譲渡（→ **Q5-9**）
③ 受取利息（→ **Q6-1**）、保険料（→ **Q3-5**）、保証料（→ **Q5-11**）
④ 郵便局などが行う郵便切手類や印紙の譲渡（→ **Q4-1**、**Q4-2**）、商品券の譲渡（**Q1-23**のような独自に発行するものは除きます）
⑤ 行政手数料や外国送金にかかる手数料
⑥ 保険診療（→ **Q3-6**）
⑦ 介護サービスなど
⑧ 妊娠や出産、産後ケアに関して病院などでかかる費用
⑨ 埋葬料や火葬料
⑩ 一定の身体障害者用物品の譲渡や貸付け、修理
⑪ 学校の授業料など
⑫ 教科書の譲渡
⑬ 住宅の貸付け（→ **Q3-8**、**Q3-9**）

## Q1-3 期をまたぐ半金の取扱い（商品の受渡し前）

半金を前払いしてもらいましたが、商品の引渡しは翌期の予定です。この半金は、会社の決算書や消費税の申告書に、どのように載せればよいのでしょうか？

決算書とは、「貸借対照表」、「損益計算書」、「株主資本等変動計算書」、「個別注記表」などから構成されており、半金は貸借対照表の「負債の部」に「前受金」という科目で表示されます。

損益計算書には出てこないので、半金をもらっても損益には影響しません。

また、「半金をもらう」という取引に消費税はかかりません（→ Q1-2）ので、消費税の申告書には記載されません。

## Q 1-4 期をまたぐ半金の取扱い（商品の受渡し後）

前期に半金をもらった商品を無事に引き渡しました。
このとき、どのような経理処理をすればよいですか？

「商品を引き渡した日」が「売上げを計上する日」です。
会計ソフトには、次のように入力します。

| 日　付 | 借方科目 | 借方金額 | 貸方科目 | 貸方金額 | 取引先 |
|---|---|---|---|---|---|
|  | 消費税区分 | （内 消費税） | 消費税区分 | （内 消費税） | 摘　要 |
| 2025/4/5 | 売掛金 | 5,500,000 | 売上高 | 11,000,000 | △△商事 |
|  | 不課税 | — | 課税売上げ10% | 1,000,000 | ○○商品 |
|  | 前受金 | 5,500,000 |  |  |  |
|  | 不課税 | — |  |  |  |

## Q 1-5　振込額と売上高が異なる場合

取引先から振り込まれた金額を売上高とすればよいですか？

　売上高は商品やサービスの対価の金額ですが、取引先に請求した金額のとおりに振り込まれるとは限りません。契約などによって、次のような費目が控除される可能性があるからです。

- クレジットカード会社や決済代行会社からの振込み➡決済手数料
- ECサイト運営会社からの振込み➡決済手数料、広告費など
- 建設業関係➡安全協力会費

　また、個人事業者の場合は、事業の種類によって源泉所得税が控除されることもあります。

　このため、売上げの仕訳を計上するときは、「商品やサービスの対価はいくらなのか」を請求書や契約書から確認しなければなりません。思いがけず請求したとおりに振り込まれていない場合は、取引先に差額の内容を確認しましょう。

　このときの注意点は次のとおりです。

- ☐ 差額の項目は何か？　金額はいくらか？
- ☐ 差額は消費税が課税される費用かどうか？
- ☐ 差額に消費税が課税されるならば、インボイスの交付を受けられるか？
　　➡インボイスの交付を受けたら適切に保存する（➡ Q5-2）。

### 会計ソフトによるデータ取り込み

　会計ソフトの中には、金融機関から入出金データを取り込み、自動で仕訳計上をしてくれる機能を持つものもあります。とても便利な機能ですが、もし、請求書などを確認せず、ワンクリックで「売上高」と処理してしまったら、売上げを計上するべき日付を間違ってしまったり（➡ Q1-1）、この Q1-5 で見たように売上高を少なく計上してしまうかもしれません。

　1つの入金を処理するにも、確認すべきことがたくさんあるのです。

## インボイスとは

　インボイスとは、次の事項を記載した請求書や領収証のことで、正式名称は「適格請求書等」といいます。インボイスを発行できるのは、税務署で登録をしたインボイス発行事業者に限られます。

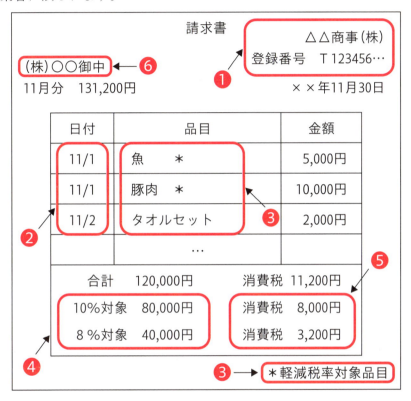

> **インボイスの記載事項**
> ❶　インボイス発行事業者の氏名または名称および登録番号
> ❷　取引を行った年月日
> ❸　販売した商品や提供したサービスの内容（軽減税率対象資産の販売等である場合にはその旨）
> ❹　税率ごとに区分して合計した税抜金額または税込金額とそれぞれの適用税率
> ❺　税率ごとに区分した消費税額
> ❻　インボイスの交付先である事業者の氏名または名称（領収証の場合は「宛名」とも呼ばれます）

　仕入税額控除（→ **Q2-2　仕入税額控除とは**）を受けるためには、取引先から交付されたインボイスの保存と帳簿の記載が必要です（→ **Q5-2**）。

## Q 1-6　振込手数料が売主負担の場合

得意先から振り込んでいただくときの手数料は、売主である当社負担としているので、請求書に記載した金額より数百円少ない金額が振り込まれます。
この差額は、どのように経理処理したらよいのでしょうか？

振込手数料を売主負担とするときの処理方法はいくつかありますが、最も簡単なのは、振込手数料分を「値引き」として処理する方法です。

会計ソフトに入力する際に、振込手数料相当の金額を「売上値引」という勘定科目にし、消費税の区分も「売上値引」とします。このとき、消費税率はもともとの売上げの税率と合わせます。つまり、飲食料品等を販売した場合は軽減税率8％、飲食料品等以外の場合は10％です。

例えば、飲食料品108,000円（内消費税8,000円、消費税率8％）を販売し、代金108,000円から振込手数料550円が差し引かれて振り込まれたときの入力例は、次のとおりです。

| 日　付 | 借方科目 | 借方金額 | 貸方科目 | 貸方金額 | 取引先 |
|---|---|---|---|---|---|
| | 消費税区分 | （内 消費税） | 消費税区分 | （内 消費税） | 摘　要 |
| 2025/4/5 | 普通預金 | 107,450 | 売掛金 | 108,000 | △△食品 |
| | 不課税 | — | 不課税 | — | 売掛金入金 |
| | 売上値引 | 550 | | | △△食品 |
| | 値引8％ | 40 | | | 振込手数料当社負担 |

### 返還インボイス

商品が返品されたり、値引きをしたときは、売主から買主へ「返還インボイス」を交付しなければいけません。

ただし、振込手数料のような少額な値引きにまで返還インボイスを交付するのは事務の負担が大きいので、値引き額が税込1万円未満のときは、返還インボイスの交付が免除されています。

**振込手数料の取扱いパターン**

　振込手数料を売主負担とするときの処理方法はいくつかありますが、**Q1-6**で解説した方法以外の方法は次の２つです。

① 振込手数料の立替え

（売主）
> 振込手数料は後からお返ししに行きますので、立て替えておいてください。

> わかりました。立て替えておきます。
> 後から返しに来ていただくのもお手間でしょうから、振込金額から差し引いておきますよ。

（買主）

（売主）
> ありがとうございます。ではその方法でお願いします。
> 後日、振込時のインボイスと立替金精算書※をください。

　※　買主がATMを利用して振り込んだ場合、ATMからはインボイスは交付されません。買主は「ATMを利用したので、インボイスはありません」と売主に伝えればよく、立替金精算書を作成する必要もありません。

② 振り込んでもらったことについての手数料

　金融機関に対する手数料ではなく、買主に対する手数料と考えます。

（売主）
> 現金払いではなく、銀行振込でお願いします。

> わかりました。こちらとしては現金払いが良いのですが、御社の都合に合わせますので、代わりに手数料をくださいね。

（買主）

（売主）
> わかりました。それでは、手数料のインボイス※をください。

　※　売主が一定の規模以下（２事業年度前の課税売上高が１億円以下など）の事業者である場合は、税込１万円未満の課税仕入れについてはインボイスの交付を受けなくとも、帳簿の記載のみで仕入税額控除が可能です。この特例は令和11年9月30日までの期間限定です。

## Q 1-7 値引きと売上高

閉店時間が近づいたので、売れ残り商品に「表示価格より3割引き」というシールを貼りました。
この商品が売れた場合、売上高はいくらにしたらよいのでしょうか？
もとの値札との差額は、どうすればよいですか？

実際にお客様が支払った金額、つまり3割引後の金額を売上高とします。
もとの売値との差額について、経理処理をする必要はありません。

## Q 1-8 小売店・飲食店の商品の表示価格

小売店や飲食店では、商品やサービスの表示価格は、税込金額でなければならないのですか？

**A** スーパーマーケットでは、チラシや陳列棚に商品の値段を表示します。また、飲食店ではメニューブックに料理の名前や写真と値段を表示します。これらの価格は、税込金額を表示しなければいけません。

税込金額だけを書くと、お客様に「高い！」と思われるかも……と心配になるかもしれませんが、税込金額の横や上下に税抜金額をあわせて表示してもかまいません。

### 価格の表示例

■具体的な表示方法例（税率10％の場合）

| 11,000円 | 11,000円<br>（税込） | 11,000円<br>（税抜価格10,000円） |
|---|---|---|
| 11,000円<br>（うち消費税<br>1,000円） | 11,000円<br>（税抜価格10,000円<br>消費税1,000円） | 11,000円<br>（税抜価格10,000円<br>消費税率 10％） |

（注）国税庁「消費税のあらまし（令和6年6月）」82ページをもとに作成

## Q 1-9 見積書の表示価格

リフォーム工事では営業担当者が施主様と打ち合わせをして、カタログから設備を選んでもらったり、施工にかかる工賃を計算したりして見積書を作り、施主様に提示しています。
この見積書も総額表示で作らなければなりませんか？

個別に打ち合わせをして作成する見積書は総額表示とせず、税抜金額で表示することが認められています。

## Q 1-10 総額のみ表示している場合の消費税計算

お客様へ提供するメニューは、すべて総額のみを記載しています。
「店内でのお食事40,000円」「お土産の折詰弁当5,000円」と記載している場合、消費税はどうやって計算するのでしょうか？

消費税は次のように、電卓に入力して計算しましょう。

- 店内でのお食事分……40,000円×10÷110＝3,636.3…円
- お土産……………………5,000円× 8 ÷108＝370.3…円

端数処理は「切上げ」「切捨て」「四捨五入」のいずれを使っても構いません。

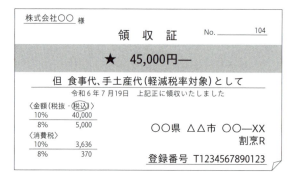

飲食店が交付する領収証は消費税の記載を省略することもできます。くわしくは次のQ1-11 簡易インボイスを参照してください。

## Q 1-11　領収証への宛名の記載

取引先を訪問する際にタクシーを利用することがあります。運転手さんはいつも忙しそうなので、領収証に宛名を書いてもらうのは気が引けるのですが……。

　消費税のルール上、タクシー業者のほか、飲食店や小売店から交付される領収証には、宛名が書かれていなくても問題ないとされています。これは飲食店や小売店、タクシー業者がインボイス発行事業者であるかどうかにかかわらず、同じ取扱いです。また、法人税や所得税でも「宛名のない領収証は認めない」とはされていません。

　しかし、宛名のない領収証を無制限に認めてしまうと、会社内にムダづかいや不正が広まってしまう可能性もあります。

　では、会社としてはどのような対策をするべきでしょうか。

　重要なのは、領収証に宛名の記載があるかどうかではなく、「どういうときにタクシーを利用してよいか」という基準を明確にし、タクシーを利用したときは訪問先とその理由（例えば「最寄駅から徒歩20分以上かかるため」など）を必ず経費精算書に記載するなどの社内ルールを整備することです。

### タクシーを利用した理由は会計処理にも必要

　接待のお店までのタクシー代は、接待する側とされる側のどちらが負担したかで、勘定科目が変わります。

　最寄り駅などで待ち合わせてタクシーで移動するのであれば、接待する側がタクシー代を負担するでしょう。接待する側の会社の経理担当者は、そのタクシー代を「交際費」として処理します。

　待ち合わせ場所が接待の会場となっていて、接待される側が会場まで自社負担でタクシーを利用して移動した場合、接待される側の会社の経理担当者は、そのタクシー代を「交通費」として処理します。

　タクシーを利用したときの訪問先や理由の記載は、正しい会計処理のためにも必要です。

**簡易インボイス**

　飲食店や小売店、タクシー業などでは、記載項目が省略された「簡易インボイス」を使うことが認められています。
　通常のインボイスと簡易インボイスを比較すると、次のような違いがあります。

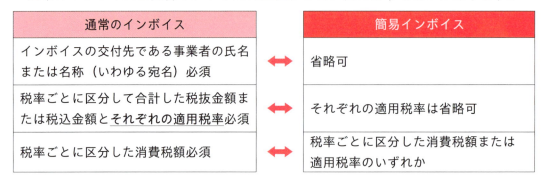

　例えば、税率ごとに区分して合計した税込金額と適用税率が書いてあれば、宛名と消費税額は書いていなくても、簡易インボイスとして認められます。
　インボイス制度が始まってから、簡易インボイスを交付された側が「消費税も書いていないと経費として認められないから、書いてください」と店員さんに記載を求め、お店の業務が滞るというような事態も生じています。
　このような事態への対策として、その領収証が簡易インボイスの記載条件を満たしていることを示すため、どこかに「※簡易インボイス対象」と明記することも勧められています。
　業務が忙しく、消費税を計算している時間がない場合は、記載事項を工夫してみましょう。

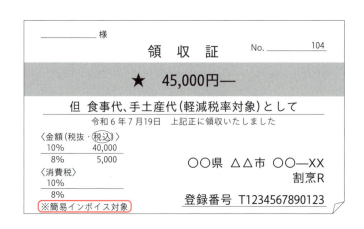

## Q 1-12　領収証へ記載する取引内容の書き方

手書きの領収証を渡したところ、「ただし書きを書いてほしい」と頼まれました。どこまで細かく書かなければなりませんか？

**A** 領収証へ記載するただし書きは、例えば「ご飲食代」、「手土産代（軽減税率対象）」、「弁当（軽減税率対象）」、「消耗品代」など、何のための支払いなのかわかればよく、飲食したメニューの名前や販売した商品一つ一つの品名まで書く必要はありません。

ただし、軽減税率対象商品の販売である旨は漏れなく書かなければなりません。

### 経理担当者は何を確認するべき？

レシートのほかに、レジで別途印字してもらった領収証や、商品名部分が切り取られたレシート、大雑把なただし書きしか書いていない領収証は、確認できる情報量が限られています。経理担当者が、このような情報の少ない領収証に注意を払わないでいると、「個人的な嗜好品をこっそり経費で買って、『お品代』とだけ書いた領収証を提出すればバレないよね」という不正を考える役員や社員が現れるかもしれません。

また、切り取られてしまった部分に税率ごとの税抜金額や消費税が書いてあったので、インボイスとしての記載条件を満たさなくなってしまった、というような事態も、実際に起こっています。

消費税の法律では「ただし書きをどの程度細かく書くか」までは定められてはいませんが、不正を起こさない会社への第一歩として、領収証だけでなくレシートもあわせて提出することや、「手書き領収証の場合は裏面に★★のメモ書きを残す」といった社内ルールを作り、経理担当者が内容をチェックして保存しておくのがよいでしょう。

## Q 1-13 免税事業者が作成する請求書

当社は免税事業者です。請求書に税抜金額と消費税を分けて記載してもよいですか？

免税事業者であっても、請求書に税抜金額と消費税を分けて記載することは、問題ありません。

### 免税事業者が作成する請求書の記載事項

免税事業者が請求書を作成する場合、次の事項をすべて記載したか注意しましょう。

① 書類の作成者の氏名または名称
② 取引を行った年月日
③ 販売した商品や提供したサービスの内容（軽減税率対象資産の販売等である場合にはその旨）
④ 税率ごとに合計した税込金額
⑤ 請求書の宛先となる氏名または名称

④に代えて、「税抜金額を税率ごとに区分して合計した金額」と「税率ごとに区分した消費税額」を記載しても差し支えないとされています。つまりインボイスから登録番号を省略しただけの請求書で問題ないということです。

```
                    請求書          ○○総合食品（株）
ビストロ△△御中
11月分　129,800円                      ××年11月30日
```

| 日付 | 品目 | 金額 |
|---|---|---|
| 11/1 | 魚　＊ | 5,000円 |
| 11/1 | 豚肉　＊ | 10,000円 |
| 11/2 | 割り箸 | 2,000円 |
| | … | |
| 合計　120,000円 | | 消費税　9,800円 |
| 10％対象　10,000円 | | 消費税　1,000円 |
| 8％対象　110,000円 | | 消費税　8,800円 |

＊軽減税率対象品目

## Q 1-14 免税事業者への支払通知書に記載された消費税

得意先から交付された支払通知書に、消費税が載っていました。
当社は免税事業者なので、この消費税分を返した方がよいのでしょうか？

得意先は貴社が免税事業者であることを認識したうえで、消費税相当額を貴社に支払っていると考えられますので、この消費税分を返す必要はありません。

## Q 1-15 健康食品と軽減税率

当社では、摂取すると体に良いとされる商品を販売しようと思っています。
食べたり飲んだりするものの販売なので、消費税率はすべて8％ですよね？

食べたり飲んだりするものの販売が、すべて軽減税率8％とは限りません。軽減税率8％が適用されるのは、食品表示法という法律で規定される食品（酒税法に規定する酒類を除きます）とされています。

軽減税率8％が適用されない代表的なものとして、「お酒」「医薬品」「医薬部外品」があります。

体に良い商品と一口に言っても、「食品」か「医薬部外品」かで消費税率が異なります。商品ごとに確認して、消費税率を表示しましょう。

## Q 1-16 クレジット支払いを受けたときの経理処理

お客様がクレジットカードを使ってお支払いをしました。どのように経理処理したらよいですか？

お客様がクレジットカードを使って支払ったときは、まだ会社に入金していませんので、売掛金として経理処理しましょう。

消費税はその売上げの内容に応じて、消費税率および消費税額を計上します。

| 日 付 | 借方科目 | 借方金額 | 貸方科目 | 貸方金額 | 取引先 |
| --- | --- | --- | --- | --- | --- |
| | 消費税区分 | （内 消費税） | 消費税区分 | （内 消費税） | 摘　要 |
| 2025/3/12 | 売掛金 | 2,750 | 売上高 | 2,750 | 消費者 |
| | 不課税 | — | 課税売上げ10% | 250 | 売上げ |

### クレジットカード決済を導入するときの注意点

「いろいろな決済方法を使えるお店の方が、お客様に喜んでもらえる！」ということで、クレジットカード決済やQRコード※決済などのキャッシュレス決済を導入している、または導入を検討している会社も多いでしょう。

確かにお客様の利便性は上がるのですが、事業者には負担がかかります。というのは、クレジットカード決済やQRコード決済では事業者が手数料を負担しなければなりませんし、入金されるまで一定の期間がかかりますので、資金繰りが悪くなります。資金繰り対策として借入れが必要になれば、支払利息も払わなければなりません。

しかし、これらの負担への対策として「クレジットカードを利用するお客様から別途手数料をもらおう」「カードの利用は5,000円からにしてもらおう」などと検討するのは要注意です。クレジットカード会社の利用規約で禁止されている場合があるからです。

このため、クレジットカード決済やQRコード決済の導入で生じる負担は、商品やサービスの価格に反映させるようにしましょう。

※　QRコードは株式会社デンソーウェーブの登録商標です。

## Q 1-17 カード会社からの入金処理

お客様がクレジットカードを使って支払ったときの代金が、当社の銀行口座に入金されました。
どうやって経理処理をすればよいですか？

**A** 契約しているクレジットカード会社や決済代行会社から交付される書類やデータを取得しましょう。最近はペーパーレス化が進み、加盟店専用サイトにログインして自分でデータをダウンロードしなればならない場合も多いです。

その書類あるいはデータには次のような項目が載っていますので、入金額の内訳を確認しましょう。

- 入金の対象となった売上高
- 手数料（決済手数料や売上手数料など名称はさまざまです）
- 手数料が課税対象か非課税か（→ Q1-2 売上げ・課税売上げ・非課税売上げ・免税売上げ・不課税）
  → 手数料が課税対象か非課税かは契約形態などによって異なります。必ず書類で確認しましょう。
- 振込手数料

上記の事項を確認した書類やデータがインボイスとしての記載事項を満たしていれば、その書類やデータを保存します（→ Q5-2）。

もし、「インボイスは別途交付します」などの記載がある場合は、インボイスに該当する書類やデータの交付を受け、保存します。

仕訳の入力例は次のとおりです。

| 日付 | 借方科目 | 借方金額 | 貸方科目 | 貸方金額 | 取引先 |
|---|---|---|---|---|---|
| | 消費税区分 | （内 消費税） | 消費税区分 | （内 消費税） | 摘要 |
| 2025/4/5 | 普通預金 | 133,412 | 売掛金 | 138,220 | ○○決済代行 |
| | 不課税 | — | 不課税 | — | 売掛金入金 |
| | 支払手数料 | 4,478 | | | ○○決済代行 |
| | 課税仕入れ10% | 407 | | | 決済手数料 |
| | 支払手数料 | 330 | | | ○○決済代行 |
| | 課税仕入れ10% | 30 | | | 振込手数料 |

## Q 1-18 値引券に記載する値引額と消費税

来店してくれたお客様への感謝として「餃子ひと皿50円引券」を配りたいのですが、値引額は税抜金額からの値引きとするのか、税込金額からの値引とするのか、決まりはありますか？

A 税込金額からの値引きか、税抜金額からの値引きかの決まりはありませんので、自由に決めることができます。ただし、どちらからの値引きなのか、お客様にわかるように表示しましょう。

**表示の例**

50 円割引券
※税込金額からの割引です。
有効期限202X年4月末まで

## Q 1-19 値引券の利用と値引額の処理

Q1-18で「餃子ひと皿50円引券」を差し上げたお客様が再び来店され、50円引券を使って餃子を注文してくださいました。
この「50円」の処理は、どうすればよいのでしょうか？

実際にお客様が支払った金額、つまり値引後の金額を売上高とします。
Q1-7の3割引と同じように考えてください。

# Q 1-20 値引券の利用とテイクアウト時の消費税率

 Q1-18で「餃子ひと皿50円引券」を差し上げたお客様が次の日にまた来てくださいました。「今日は餃子ひと皿を持ち帰りで」と注文して、50円引券を出されました。
当社では店内飲食も持ち帰り（テイクアウト）も同じ料金としているのですが、消費税の税率はどうすればよいのでしょうか？

 持ち帰りなので、消費税率は軽減税率8％です。値引後の金額を軽減税率8％の課税売上高としましょう。

# Q 1-21 共通ポイントが利用されたとき

 当店は共通ポイントに加盟しています。お会計の際にお客様に「ポイントは利用されますか？ 貯めますか？」とお聞きしているのですが、お客様が「ポイントを使う」と言ったら、当店の売上高はどのようになるのでしょうか？

**A** 売上高はポイントを充当する前の金額です。消費税もポイント充当前の金額をもとにして考えます。例えば、税込5,500円（消費税率10％）の商品を販売して、1,000ポイントが利用された場合の仕訳を考えてみましょう。

### お買い上げ時

| 日付 | 借方科目 | 借方金額 | 貸方科目 | 貸方金額 | 取引先 |
| | 消費税区分 | （内 消費税） | 消費税区分 | （内 消費税） | 摘要 |
|---|---|---|---|---|---|
| 2025/3/12 | 現金 | 4,500 | 売上高 | 5,500 | 消費者 |
| | 不課税 | — | 課税売上げ10% | 500 | 売上げ |
| | 売掛金 | 1,000 | | | ××ポイント社 |
| | 不課税 | — | | | ポイント利用分 |

お客様が利用したポイント分は後日、共通ポイントの運営会社から入金されます。

### ポイント利用額の入金時

| 日付 | 借方科目 | 借方金額 | 貸方科目 | 貸方金額 | 取引先 |
| | 消費税区分 | （内 消費税） | 消費税区分 | （内 消費税） | 摘要 |
|---|---|---|---|---|---|
| 2025/4/30 | 預金 | 1,000 | 売掛金 | 1,000 | ××ポイント社 |
| | 不課税 | — | 不課税 | — | ポイント利用分 |

買い手の処理は**Q4-5**をご参照ください。

## Q 1-22 共通ポイントへ加算されたとき

当店は共通ポイントに加盟しています。お会計の際にお客様に「ポイントは利用されますか？ 貯めますか？」とお聞きしているのですが、お客様が「ポイントを貯める」と言ったら、当店の売上高はどのようになるのでしょうか？

売上高はお客様がお買い上げになった商品やサービスの価格です。お客様に付与するポイントには関係しません。

例えば、税込5,500円（消費税率10％）の商品を販売して、50ポイントを付与する場合の仕訳を考えてみましょう。

**お買い上げ時**

| 日　付 | 借方科目 | 借方金額 | 貸方科目 | 貸方金額 | 取引先 |
| --- | --- | --- | --- | --- | --- |
| | 消費税区分 | （内 消費税） | 消費税区分 | （内 消費税） | 摘　要 |
| 2025/3/12 | 現金 | 5,500 | 売上高 | 5,500 | 消費者 |
| | 不課税 | — | 課税売上げ10% | 500 | 売上げ |

お客様に付与したポイント分を後日、共通ポイントの運営会社に支払います。

**ポイント費用の支払い時**

| 日　付 | 借方科目 | 借方金額 | 貸方科目 | 貸方金額 | 取引先 |
| --- | --- | --- | --- | --- | --- |
| | 消費税区分 | （内 消費税） | 消費税区分 | （内 消費税） | 摘　要 |
| 2025/4/30 | ポイント費用 | 50 | 預金 | 50 | ××ポイント社 |
| | 不課税※ | — | 不課税 | — | ポイント付与 |

※ 国税庁は「ポイント制度の規約等の内容によっては、消費税の課税取引となるケースも考えられます」とアナウンスしています。このため、共通ポイントの運営会社との契約書や請求内容をよく確認して処理しましょう。

### ポイントの利用と加算はどちらがおトク？

　お客様が共通ポイントを「使う」のと「貯める」のとは、お店にとってどちらが得でしょうか。

　お客様が共通ポイントを「使う」場合、お店は共通ポイントの運営会社からそのポイント分をもらうことができます。一方で、お客様が共通ポイントを「貯める」場合、お客様に付与したポイント分を運営会社に支払わなければなりません。その支払いはお店の費用となり、利益が減少します。

　一人のお客様だけに着目すれば、ポイントを使ってもらった方が有利なようですが、ポイントを使うお客様、貯めるお客様の両方いらっしゃるうえで、「共通ポイントが使えるお店」という広告宣伝効果によってお店の利益になると考えましょう。

## Q 1-23 自社オリジナルの商品券を販売したとき

当店の商品と引き換えできるオリジナルの商品券を作って、販売したいと思っています。
お客様がこの商品券を買ったとき、消費税はどう扱えばよいのでしょうか？

独自に企画した商品券の販売は、消費税が課される取引ではありません。
商品券を購入してくれたお客様には、次のような領収証を渡しましょう。

消費税はかかりませんので、税率や税率ごとに区分した金額は書きません。
会計ソフトには次のように入力しましょう。

| 日　付 | 借方科目 | 借方金額 | 貸方科目 | 貸方金額 | 取引先 |
|---|---|---|---|---|---|
| | 消費税区分 | （内 消費税） | 消費税区分 | （内 消費税） | 摘　要 |
| 2025/3/12 | 現金 | 5,000 | 預り金 | 5,000 | 消費者 |
| | 不課税 | — | 不課税 | — | 商品券売上げ |

# Q 1-24 自社オリジナルの商品券が利用されたとき

お客様が当店オリジナルの商品券を使ってお買い物をされました。この場合、消費税はどう扱えばよいのでしょうか?

独自に企画した商品券が利用されたタイミングで、売上げになります。購入された商品に応じた消費税の区分とします。

例えば、お客様が購入した商品がスカーフだったら、次のような入力になります。

| 日付 | 借方科目 | 借方金額 | 貸方科目 | 貸方金額 | 取引先 |
| | 消費税区分 | (内 消費税) | 消費税区分 | (内 消費税) | 摘要 |
| --- | --- | --- | --- | --- | --- |
| 2025/3/12 | 預り金 | 5,000 | 売上高 | 5,000 | 消費者 |
| | 不課税 | — | 課税売上げ10% | 454 | 売上げ(商品券利用) |

### 商品券が使われなかったらどうなる?

商品券を買った人が使うのを忘れてしまった、商品券をプレゼントとして渡されたが趣味に合わなかったなど、何らかの理由で商品券が使われないままになるケースもあります。

商品券を発行したお店は、発行した日から10年が経過した日の属する事業年度の終了の時※において、使われていない商品券があったら、その商品券代をその事業年度の売上げとします。これは商品を引き渡していませんので、消費税は不課税です。

※ 例えば3月決算の会社で、商品券を発行した日が2024年10月1日の場合、2035年3月31日になります。

# Q 1-25 自社オリジナルのポイントを付けたとき

当店では、オリジナルのポイントカードを作って、お客様のお買い上げ金額100円ごとに、10ポイントを付与しています。このポイントは当店でのみ、1ポイント1円で使えます。
このようなポイントを付与することで、売上高は変わるのでしょうか？

 ポイントを付与しても、売上高は変わりません。

## ポイントを付与すると負債が増える？

1ポイント1円で使えるポイントをお客様に10ポイントを付与すると、お店には「このお客様に将来、追加で商品10円分を差し上げる義務」が発生します。10円分の商品はまだ引き渡していませんので、売上げではありませんが（→ Q1-1）、この義務は完全に無視してしまってもよいのでしょうか？

国際的な会計基準では、この義務も会計処理に反映させなければなりません。中小企業は必ずしもこの国際的な会計基準に従わなければならないわけではありませんが、参考までにこの会計基準について見てみましょう。

上記のようにお買い上げ金額100円ごとに10ポイントを付与するというルールで運用しているとしましょう。お客様が10,000円の商品を購入したら、1,000ポイントが付与されます。

中小企業の場合は、次のように処理します。

### 中小企業の会計処理

| 日付 | 借方科目 | 借方金額 | 貸方科目 | 貸方金額 | 取引先 |
|---|---|---|---|---|---|
| | 消費税区分 | （内 消費税） | 消費税区分 | （内 消費税） | 摘要 |
| 2025/3/12 | 現金 | 10,000 | 売上高 | 10,000 | お客様 |
| | 不課税 | | 課税売上げ10% | 909 | 売上げ |

大企業の場合は、国際的な会計基準に従って、次のように処理します。

**大企業の会計処理**

| 日付 | 借方科目<br>消費税区分 | 借方金額<br>（内 消費税） | 貸方科目<br>消費税区分 | 貸方金額<br>（内 消費税） | 取引先<br>摘要 |
|---|---|---|---|---|---|
| 2025/3/12 | 現金 | 10,000 | 売上高 | 9,090 | お客様 |
|  |  |  | 課税売上げ10% | 909 | 売上げ |
|  |  |  | 契約負債 | 910 | お客様 |
|  |  |  | 不課税 |  | ポイント |

　将来、1,000円分の商品を差し上げる義務を「契約負債」という科目で表します。お客様が支払った10,000円に対し、本日10,000円分の商品を引き渡し、将来1,000円分の商品を差し上げることになるので、次のような計算式で10,000円を「売上高」と「契約負債」に分けます。

$$売上高 = 現金10{,}000円 \times \frac{売上高10{,}000円}{売上高10{,}000円 + 1{,}000ポイント} = 9{,}090円$$

$$契約負債 = 現金10{,}000円 \times \frac{1{,}000ポイント}{売上高10{,}000円 + 1{,}000ポイント} = 910円$$

　売上高は9,090円となっていますが、内消費税は909円であり、中小企業の会計処理と同じ額になることにも注意が必要です。

　スタンプカードも仕組みはよく似ています。例えば1,000円お買い上げごとに1個スタンプを押し、30個貯まったら商品と交換したり、割引するような仕組みです。ただしスタンプカードは一定の数量のスタンプが貯まらないとお店に義務は発生しないので、大企業であってもこのような処理は不要です。

## Q 1-26 自治体発行のクーポン券と売上げ計上のタイミング

自治体によるクーポン給付事業の参加店舗に登録しました。クーポン給付事業とは、自治体が住民に一定額のクーポン券を配り、地元のお店で使ってもらって地域経済の活性化を図ろうという事業です。
さっそくクーポン券によるお支払いがあったのですが、売上げはいつ計上すればよいのでしょうか？

通常の現金による売上げと同じように、商品の引き渡し時やサービス提供時に売上げとします。
お客様が使ったクーポン券は失くさないように管理して、早めに換金しましょう。

例えば、税込5,500円（消費税率10％）の商品を販売して、1,000円分のクーポン券が利用された場合は次のような仕訳となります。

**お買い上げ時**

| 日 付 | 借方 | 借方金額 | 貸方 | 金額 | 取引先 |
|---|---|---|---|---|---|
|  | 消費税区分 | （内 消費税） | 消費税区分 | （内 消費税） | 摘 要 |
| 2025/3/12 | 現金 | 4,500 | 売上高 | 5,500 | 消費者 |
|  | 不課税 | — | 課税売上げ10％ | 500 | 売上げ |
|  | 売掛金 | 1,000 |  |  | ○○市 |
|  | 不課税 | — |  |  | クーポン券 |

**換金時**

| 日 付 | 借方 | 借方金額 | 貸方 | 金額 | 取引先 |
|---|---|---|---|---|---|
|  | 消費税区分 | （内 消費税） | 消費税区分 | （内 消費税） | 摘 要 |
| 2025/3/26 | 預金 | 1,000 | 売掛金 | 1,000 | ○○市 |
|  | 不課税 | — | 不課税 | — | クーポン券換金 |

## Q 1-27　ECサイトからの振込額と経理処理

ECサイトに出店しました。サイト上での販売金額より少ない額が運営会社から振り込まれましたが、販売金額と振込額との差額は、すべて手数料として処理してよいですか？

　ECサイトでの販売金額と振込額との差額は、一般的に次のような費用などの合計です。

| | |
|---|---|
| ●決済手数料 | （10％） |
| ●システム利用料 | （10％） |
| ●ポイント費用 | （不課税） |
| ●販売促進費 | （10％） |
| ●出店料 | （10％） |
| ●引当金 | （不課税） |
| ●振込手数料 | （10％） |
| | など |

　この費用の内訳は、ECサイトの運営会社が作成する計算書などで確認できます。計算書は管理画面から自分でダウンロードしなければならないことが多いので、探してみましょう。
　費用の項目ごとに「この費用は消費税が課税」「この費用は非課税」「この費用は不課税」と消費税の取扱いも異なりますので、1項目ずつチェックして経理処理する必要があります。
　また、商品が返品された場合は商品代金を返金しますが、費用も取り消されて返金されます。その精算も計算書上に示されていることが多いです。

　計算書のデータがインボイスとしての記載事項を満たしていれば、その計算書のデータを保存します。
　もし、「インボイスは別途交付します」などの記載がある場合は、インボイスに該当する書類やデータの交付を受け、保存します。

計算書の費用の項目や消費税の区分に気をつけて、次のような仕訳を計上します。

| 日　付 | 借方 | 借方金額 | 貸方 | 金額 | 取引先 |
|---|---|---|---|---|---|
| | 消費税区分 | （内 消費税） | 消費税区分 | （内 消費税） | 摘　要 |
| 2025/ 3 /15 | 売掛金 | 202,468 | 売上高 | 308,000 | ECサイト |
| | 不課税 | — | 課税売上げ10%※ | 28,000 | 売上げ |
| | 決済手数料 | 22,132 | | | ECサイト |
| | 課税仕入れ10% | 2,012 | | | 決済手数料 |
| | システム利用料 | 19,800 | | | ECサイト |
| | 課税仕入れ10% | 1,800 | | | システム利用料 |
| | ポイント費用 | 2,000 | | | ECサイト |
| | 不課税 | — | | | ポイント費用 |
| | 販売促進費 | 39,600 | | | ECサイト |
| | 課税仕入れ10% | 3,600 | | | 販売促進費 |
| | 出店料 | 22,000 | | | ECサイト |
| | 課税仕入れ10% | 2,000 | | | 出店料 |

※　飲食料品と飲食料品以外の両方を扱っている場合、消費税率ごとに課税売上高を分ける必要があります。

（注１）　必ずしも１つの費用項目に対して１つの勘定科目を対応させなければならないわけではありません。内容に応じてまとめても問題ありません。

（注２）　引当金と振込手数料は計算書に載っていますが、仕訳には計上されていません。その理由は次のとおりです。

　　　　引当金…………購入者への返金などに備えてECサイトの運営会社が預かっている金額ですので、費用ではありません。

　　　　振込手数料……売掛金の入金時に計上します。

# Q 1-28 宿泊予約サイトを通じた予約受付時の注意点

旅館を経営しています。宿泊予約サイトを通じてお客様から予約を受け付けていますが、注意点を教えてください。

宿泊予約サイトの運営者が国内企業か海外企業かを確認しましょう。
国内企業か海外企業かによって、広告掲載料や事務手数料にかかる消費税の取扱いが違います。

### ▶国内企業の場合

国内企業の場合、広告掲載料や事務手数料は課税仕入れ（→**Q2-1**）です。宿泊予約サイトの運営者がインボイス発行事業者かどうか、請求書がインボイスとしての記載を満たしているかどうかを確認しましょう。

### ▶海外の企業の場合

広告掲載料や事務手数料は、不課税として取り扱いましょう。ただし、貴社が旅館業以外にも、介護・福祉サービスなど消費税が非課税となるような事業（→**Q1-2　売上げ・課税売上げ・非課税売上げ・免税売上げ・不課税**）をあわせて経営をしている場合は、リバースチャージが適用されるかもしれませんので、注意してください。

### リバースチャージとは

宿泊予約サイトへの掲載など、インターネットを通じたサービスを受けた場合は、運営会社が国内企業か海外企業かにかかわらず、消費税がかかります。

宿泊予約サイトの運営会社が国内企業である場合、その運営会社に広告掲載料と消費税を払い、運営会社が消費税を税務署に納めます。これが一般的な消費税の流れです。

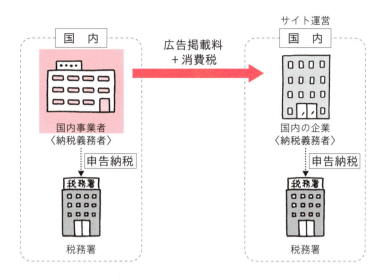

　一方で、宿泊予約サイトの運営会社が海外企業である場合はどうでしょう。

　海外のあらゆる国や地域の企業すべてに「インターネットを通じたサービス提供を日本で行ったら、日本の消費税法に従って消費税を納めてください」とお願いするのは困難です。

　そこで、海外の企業には広告掲載料だけを支払い、消費税はサービスを受けた会社が代わりに税務署に納めます。これを「リバースチャージ」といいます。

　リバースチャージが適用される取引には、契約書や請求書にあらかじめ「リバースチャージ方式の対象である」旨の表示をする決まりになっています。

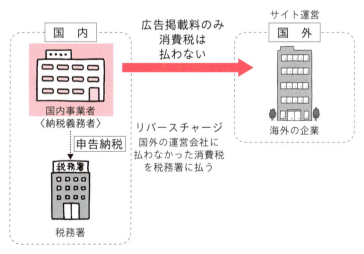

　ただし、貴社が旅館だけを経営しているような会社である場合（消費税が非課税となるような収入がない場合）は、この「代わりに税務署に納める」という手続きは必要ありません。これは、課税売上割合（→ Q 4-12）が95％以上となる場合は当分の間、この手続きをしなくてもよいと法律で決められているためです。

## Q 1-29　お友だち紹介キャンペーンで支払った紹介料

売上げアップを目指して、「お友だち紹介キャンペーン」を行おうと考えています。
新規見込みのお客様を紹介してくださった既存のお客様に紹介料を支払おうと思うのですが、消費税はどうなりますか？

紹介料については、内容によって課税仕入れ（→Q2-1）となる場合とならない場合があります。

この分かれ目は、紹介料が「情報提供というサービス」の対価であるか、謝礼であるかです。「情報提供というサービス」の対価であるときは課税仕入れです。

この判断はあいまいになりやすいので、「情報提供というサービス」の対価であるときは紹介キャンペーンを始める前に基準を決めて、契約を結んでおくことをおすすめします。

具体的には、次のようなことを決めておくとよいでしょう。

- どのような情報を提供してもらうか
- 情報提供というサービスに見合った紹介料の金額設定

紹介料の支払いが課税仕入れに当てはまった場合、仕入税額控除を受けるためにはインボイスが必要です（→Q2-1）。紹介料を支払う相手がインボイス発行事業者でない場合は、上記の契約があっても仕入税額控除できません（令和11年9月30日までは一定額を控除できる経過措置があります（→Q2-12））。

# Q 1-30 請負契約・準委任契約と消費税

請負契約か準委任契約かの違いは、消費税に影響がありますか？

　請負契約か準委任契約かで、消費税の税率や課税売上高に違いはありません。

ただし、課税売上げのタイミングは、契約内容によって異なります。

請負契約は成果物に対して報酬が支払われるので、納品時や検収時が課税売上げの時と考えてよいでしょう（→ **Q1-1**）。

準委任契約は原則として、契約書で定めた業務内容や報酬、請求時期に従って業務を執り行い、請求する都度、課税売上げとなります。ただし、準委任契約であっても、契約書において成果物を定めている場合は、納品時が課税売上げの時となります。

## 請負契約と準委任契約の違い

請負契約がどのようなものか、準委任契約がどのようなものかは、民法で定められており、それぞれの特徴はおおむね次のとおりです。

請負契約は仕事の完成が目的で、成果物に対して対価が支払われるものです。建築、製造加工、システム開発などの場面では請負契約が結ばれています。

準委任契約の特徴を確認するには、まず「準」の付かない委任契約について確認する必要があります。委任契約とは、法律で定められた事務を処理する義務を負う契約です。弁護士に訴訟委任したり、税理士と顧問契約を結ぶことは委任契約です。

一方で法律で定められていない事務を処理する義務を負う契約は、委任契約に関する規定を準用するので、準委任契約といいます。システム開発においてシステムの完成を請け負うのではなく、技術の提供や技術者の作業を提供する契約は、準委任契約に分類されます。準委任契約は、仕事の成否を問わずに報酬が支払われることとされています。

## Q 1-31 外国人観光客へのサービスにかかる消費税

　当社は観光客に向けて、着物のレンタルと着付けのサービスを行っています。
　日本に数日間滞在するだけの外国人観光客からも、消費税をもらわなければなりませんか？

　消費税をもらわなければなりません。「着物をレンタルして着付けを行い、観光を楽しんだ後に返却する」というサービスは、日本国内だけで完結しているからです。

### 外国人や外国の会社から消費税をもらわなくてもよい取引

　次のような取引では、外国人や外国の会社から、消費税をもらう必要はありません。

① 日本に住んでいる寿司職人が2週間、海外出張サービスをした。
② 外国の会社（日本支店なし）から依頼を受けて、日本の市場調査を行い、レポートを送った。

　上記の取引において、消費税をもらわなくてもよい理由は、
①は日本国内で行ったサービスではないため
②は日本国内で行ったサービスですが、サービスの受け手が外国の会社であるためです。

## Q 1-32 免税店と消費税の関係

外国人観光客がたくさん訪れるお店には「DUTY FREE SHOP」や「免税店」などと表示されていますが、このようなお店では、消費税なしで商品を販売できるのですか？

**A** 日本製の家電製品や化粧品、日用消耗品などは、外国人観光客にとても人気があります。外国人観光客がこのような商品を日本で購入した後、開封せず、帰国の際にそのまま持って帰るのであれば、日本の消費税は免除されます。これは「外国で消費されるものには日本の消費税を課税しない」という考え方によるものです。

このように外国人観光客が消費税を免除されて買い物できるお店を「DUTY FREE SHOP」や「免税店」といいます。正式名称は「輸出物品販売場」です。「輸出物品販売場」は税務署に申請をして許可を得ることで経営できます。

不正に消費税を免れることを防ぐため、「輸出物品販売場」では次のような制限や手続きがあります。

- 免税での購入には、消耗品は5,000円以上50万円以下、消耗品以外は5,000円以上など、金額の制限がある。
- お客様のパスポートを確認しなければならない。留学や仕事などで6か月以上日本に滞在している外国人（外交・公用・米軍を除く）は免税販売の対象外。
- 出国までに破損しないような資材で包装し、開封した場合にはそのことがわかるシールで封印するなど、包装方法に決まりがある。
- 出国時に商品を持っていなかった場合は、そこで消費税を追徴されることなどの説明をしなければならない。
- 国税庁に購入記録情報を送信する（出国時に税関で記録と商品のチェックをするため）。
- 税抜の販売価格でお会計する。
- お店は購入記録情報を、課税期間の末日の翌日から2か月を経過した日から7年間保存しなければならない。

最近ではこれらのルールを守っていないとして税務署から指摘を受け、お店が税金を追加で納めなくてはいけないケースも増えていますので、十分注意しましょう。

# Q 1-33　20万円以下の商品を輸出したとき（輸出申告と輸出免税）

インターネット上で商品を販売しています。海外のお客様からも注文があり、郵便局から発送していますが、価格が20万円以下のものばかりなので、税関で輸出申告はしていません。この場合、消費税は免税になりますか？

商品を郵便局から海外に発送した場合も、輸出免税は受けられます。そのための要件として、次のような書類を保存しなければなりません。
保存期間は課税期間の末日の翌日から2か月を経過した日から7年間です。

〈保存すべき書類〉
① 小包郵便物またはEMS……次の書類の両方
- 郵便局による郵便物の引受け書類
- 発送伝票の控え（ご依頼主控、国際小包受取書、EMS受取書）
② 通常郵便物……次の書類
- 郵便局による郵便物の引受け書類（ご依頼主様（控））に品名、品名ごとの数量、価額を追記したもの

スプレー缶や香水、花火などは、全世界共通で送ることが禁止されています。また、宛先の国や地域によって禁止されている品物もありますので、取引をする前に、必ず確認しましょう。

### 20万円以下と偽ってEMSで送ったら？

「20万円」という金額は、原則としてその郵便物の現実の決済金額です。税務調査などの場合には入金時の預金通帳の提示を求められることもありますので、20万円以下と偽ってEMSで送ったことが発覚する可能性は十分にあり得ます。

偽っていたことが税務調査で発覚したことで輸出免税が受けられなくなり、重加算税という重いペナルティが課されたケースもありますので、20万円超の場合は必ず税関で輸出申告しましょう。

## Q 1-34 輸出代行業者へ委託した場合の保存書類と手続き

 当社は商品を輸出していますが、輸出手続きは輸出代行業者のA社にお任せしています。
輸出売上げなので、消費税は免税になりますよね？

**A** 輸出免税を受けるためには、「輸出許可書」※などの書類の保存が必要です。保存期間は課税期間の末日の翌日から2か月を経過した日から7年間です。また、輸出者の名義が貴社でない場合は、追加の手続きも必要です。

※ 実務では次のように「通知書」と記載されたものが多いです。

```
            輸出許可通知書（大額）

代表統番   申告種別   区分   あて先税関   提出先   申告年月日   申告番号
 ・・・・    ・・・・    ・・・    ・・・     ・・・    2024/9/30   ・・・・

輸 出 者 ・・・・・・・・A INC
  住所  100XXXX   TOKYO TO   CHIYODA KU
                 KASUMIGASEKI   XXXX   BUILDING
  電話  0XXXXXXXXX                              輸出者がA社と
                                                 記載されている
仕 向 人         B inc  MEXICO
```

▶ **問題点**

　輸出代行業者に依頼している場合の問題は、輸出者の欄が貴社ではなく、輸出代行業者（A社）と記載されている点です。このままでは輸出者がA社と判断されるため、貴社は輸出免税を受けることができません。

　輸出免税を受けることができないと、輸出による売上げが国内での売上げと同じ扱いになりますので、消費税込みで販売したものとして、消費税を納めなければなりません。

▶ **追加の手続き**

　貴社からA社に対し「消費税輸出免税不適用連絡一覧表」という書類を交付します。この書類は「輸出許可通知書の輸出者の記載はA社になっていますが、本来の輸出

者は当社なので、輸出免税は当社が受けますよ」ということを輸出代行業者に通知するものです。

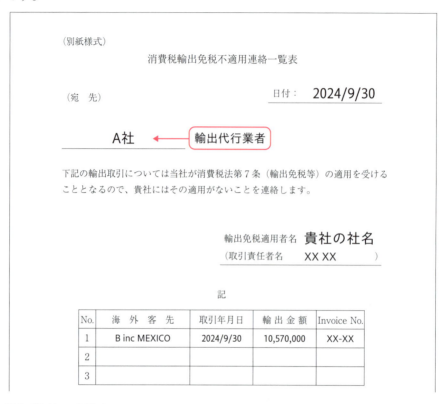

▶ **輸出代行業者の手続き**

　輸出代行業者（A社）の売上げは輸出代行の手数料です。輸出代行の手数料はA社の国内での売上げとなりますので、消費税のかかる取引として申告します。

　消費税を申告する際、消費税の申告書に貴社から交付された「消費税輸出免税不適用連絡一覧表」の写しを添付します。

> 　消費税輸出免税不適用連絡一覧表を作成した貴社、交付を受けたA社のいずれにおいても、この一覧表の控えを保存しなければならないという法律上の決まりはありませんが、保存しておくことをおすすめします。
> 　また、輸出取引については、消費税法のほか関税法でも保存すべき書類や保存期間が定められています。詳しくは税関のホームページなども参照してください。

# Q 1-35 飲食店で受け取った簡易インボイスのチェックポイント

 取引先とランチミーティングをしました。飲食店から領収証を受け取ったときの注意点を教えてください。

 受け取った領収証に、次の事項が記載されていることを確認しましょう。

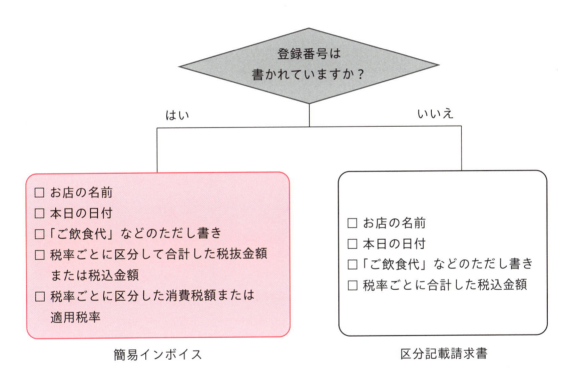

飲食店のほか小売店、タクシー業など不特定多数の人たちを対象とする商売の場合、簡易インボイスが認められます。簡易インボイスについてくわしくは **Q1-11　簡易インボイス** をご参照ください。

### ランチミーティングの際にお酒を飲んだら会議費とはいえない？

　例えば、ランチミーティング会場として選んだお店のランチコースのメニューに

> お飲み物は次の中からお選びください。
> コーヒー（アイスorホット）、紅茶（アイスorホット）、オレンジジュース、リンゴジュース、烏龍茶、スパークリングワイン、グラスビール

と書いてある中から、スパークリングワインやグラスビールを選んだというような場合でしたら、会議費として認められるでしょう。

　ただし、ミーティング後に自動車を運転するような場合は、アルコールは絶対に飲んではいけません。

## Q 1-36 飲食店でテイクアウトを追加で注文したとき

ランチミーティングを行ったお店でケーキのテイクアウトを追加で注文し、取引先にお土産として渡しました。
お店からは次のような領収証をもらいましたが、問題ありませんか？

 ランチミーティングの店内飲食代は標準税率の10％、テイクアウトは軽減税率の８％がそれぞれ適用されます。

上記の領収証では、店内飲食代がいくらだったのか、テイクアウト代がいくらだったのか、という内訳がまったくわからず、簡易インボイスとして認められません。

このため、店員さんにお願いし、簡易インボイスとしての記載事項を書き足してもらいましょう。

正しい簡易インボイスは次のとおりです。

```
_____ 様            領 収 証         No. _____ 104

           ★  25,240円―

      但 食事代、手土産代(軽減税率対象)として
          令和6年7月19日  上記正に領収いたしました
   〈金額(税抜・(税込))〉
     10%      22,000
      8%       3,240             ○○県 △△市 ○○―XX
   〈消費税〉                         レストランK
     10%
      8%                     登録番号 T1234567890123
   ※簡易インボイス対象
```

　「店員さんに領収証の追記をお願いしたら迷惑かな？」など気になるかもしれませんが、後日、不備に気づいて電話連絡などをする方が手間ですから、領収証を受け取ったらすぐに記載事項を確認し、不備があったら正しく書き直してもらいましょう。

## Q 1-37 取引先とのゴルフの領収証で注意したいこと

役員と営業部員が取引先と一緒に接待ゴルフへ行きました。消費税の処理で注意すべき点を教えてください。

**A** ゴルフ場の運営会社から領収証を受け取ったら、まずインボイスの記載事項が書かれているかチェックした後、領収証の各項目を確認しましょう。

プレー代、ゴルフ場利用税、売店で購入した飲み物代、入湯税などが出てきますので、これらの消費税の区分や税率を正確に区別して会計ソフトに入力しなければなりません。

---

○○建設株式会社 様

領 収 証

No. 9110127
2024年7月3日

￥61,520円—

上記領収いたしました

〈内訳〉
ゴルフ場利用代、商品代(軽減税率対象)として

| | 対象金額(税抜) | 消費税 |
|---|---|---|
| 10%対象 | 49,600 | 4,960 |
| 8%対象 | 2,000 | 160 |
| ゴルフ場利用税 | 4,400 | 0 |
| 入湯税 | 400 | 0 |

○□県 □□市 34X
□□高原カントリー

登録番号 T2345678901231

| 日　付 | 借方科目 | 借方金額 | 貸方科目 | 貸方金額 | 取引先 |
|---|---|---|---|---|---|
| | 消費税区分 | （内　消費税） | 消費税区分 | （内　消費税） | 摘　要 |
| 2025/7/3 | 交際費 | 54,560 | 現金 | 61,520 | □□高原カントリー |
| | 課税仕入れ10% | 4,960 | 不課税 | | 取引先とゴルフ |
| | 交際費 | 2,160 | | | □□高原カントリー |
| | 課税仕入れ軽8% | 160 | | | 飲み物 |
| | 交際費 | 4,400 | | | □□高原カントリー |
| | 不課税 | ― | | | ゴルフ場利用税 |
| | 交際費 | 400 | | | □□高原カントリー |
| | 不課税 | ― | | | 入湯税 |

### ゴルフ場利用税とは？

　ゴルフ場利用税は都道府県の税金です。

　ゴルフ場を維持管理しているのはゴルフ場の運営会社ですが、そのゴルフ場に行くための道路の整備や防災、廃棄物処理など、多大な行政コストがかかっています。ゴルフ場の利用料金は他のスポーツ施設と比較して一般的に高額であり、利用者は税金を負担する力があると認められることを考慮して、ゴルフ場の利用者に課税されています。納める額は、ゴルフ場のホール数や利用料金などをもとにした等級ごとに定められています。

## Q 1-38 インボイス発行事業者でないお店での接待と1万円基準

取引先を飲食店で接待するときは「1人当たり1万円以内が望ましい」と税理士さんから助言されました。
インボイス発行事業者ではないお店で飲食をした場合、金額はどう考えればよいのでしょうか？

**A** 取引先との会食代や手土産代、取引先の冠婚葬祭に際して贈った慶弔金は「交際費」になります。交際費は法人税を計算するうえで、経費として処理できる額にさまざまな制限がかけられています。ただし、取引先を飲食店で接待する場合、1人当たり1万円以内なら制限の対象外としよう、というルールがあります※。

※ 令和6年3月までは1人当たり5,000円以内とされていました。

この「1人当たり1万円以内」のルールは、会社が税抜経理を採用している場合は税抜金額、税込経理を採用している場合は税込金額で判定します。

### ▶税込経理の場合

税込経理の場合は、お店がインボイス発行事業者であるかどうかに関係なく、1人当たりの飲食代は

飲食代の総額（税込金額）÷参加人数

と計算します。

### ▶税抜経理の場合

税抜経理の場合は、税抜金額で1人当たり1万円以内かどうかを判定しますが、次のように、そのお店がインボイス発行事業者かどうかで計算方法に違いがあります。

① お店がインボイス発行事業者である場合

飲食代の総額（税込金額）× $\frac{100}{110}$ ÷参加人数

（注） この計算は、軽減税率の対象となる手土産などがない場合の計算です。

飲食店から交付されたインボイス（飲食店では簡易インボイスが交付される場合もあります）に税抜対価の額の合計額が記載されていれば、税抜対価の額の合計額÷参加人数 でも計算できます。

## ② お店がインボイス発行事業者でない場合

インボイス発行事業者でないお店で接待をした場合、原則として仕入税額控除を受けられませんので、 飲食代の総額÷参加人数 で計算します。

ただし、令和11年9月30日までは一定の金額まで仕入税額控除を受けられる経過措置があります（→**Q2-12**）。次の表は、その措置を考慮して、1人当たり1万円以内ルールの範囲で接待ができる上限の金額です。

|  | お店はインボイス発行事業者？ | 飲食代の総額（税込金額）÷参加人数 | 1人当たりの税抜金額 |
|---|---|---|---|
| 令和8年9月30日まで | はい | 11,000円 | 10,000円 |
|  | いいえ | 10,784円 |  |
| 令和8年10月1日から令和11年9月30日まで | はい | 11,000円 |  |
|  | いいえ | 10,476円 |  |

（注）軽減税率の対象となる手土産などがない場合の計算です。

### 「1人当たり1万円以内」ルールがある理由

会社のお金で取引先と食事をする、取引先へ贈答品を送るなどの行為は、会社のお金のムダづかいという見方もできますし、「食事や飲み会で取引先と親睦を深める」行為はもはや古い慣習だという考え方もあり得るでしょう。しかし、会社が行う接待飲食があることで、その会場となる飲食店の売上げにつながり、経済が活性化するという別の一面もあります。

そこで法人税では、「取引先との飲み会で1人当たり1万円以下ならば、制限の対象外とする」ということを認めています。

このルールの適用にあたっては、1人当たり1万円以内の接待飲食であることがわかるように、領収証の余白や裏面、あるいは別紙を作るなどして、次の事項を記載しなくてはいけません。

☐ 接待に出席した取引先の会社名などと参加者氏名
☐ 取引先との関係
☐ 自社の参加者も含めた参加人数

会計ソフトに入力するときは、「少額交際費」などの勘定科目を使うことで、1人当たり1万円を超える接待飲食代と区別できます。

（注）交際費については他にもさまざまなルールがありますので、国税庁のホームページで確認しましょう。

### 社長が1人で飲食したら？

　会社の経費が多ければ、利益が減って、法人税が少なくなります。消費税も課税仕入れが増えて、納付税額が少なくなります（→ **Q2-1　課税仕入れとは**）。しかし、個人的な飲食代を「取引先を接待した」と偽って会社の経費にするのは、絶対にやってはいけない行為です。

　お酒好きで社交的な社長だと、「店に入るときは1人でも、居合わせた別のお客さんと友達になって人脈を広げている。だから必要経費だ。」と思うかもしれませんね。しかし、税務調査で「社長が1人で飲食した支出は会社の経費ではない。」と指摘された事例があります。

　このような飲食代の領収証を経費として処理したのは嘘偽りの行為であるとして、重加算税という重いペナルティも課せられました。この会社は税務署の判断に納得できなかったので裁判を起こしましたが、令和2年に地方裁判所で棄却されました。会社は控訴しましたが、高等裁判所でも令和3年に棄却されています。

## Q 1-39 保険金で弁償したときの消費税の取扱い

取引先の工場へ納品に行ったとき、誤って工場の壁に傷をつけてしまいました。当社のミスなので、当社が修理業者を依頼して修理代を負担しましたが、後日、当社が加入していた事業保険の保険金を受け取ることができました。
この保険金について、消費税はどのような扱いになるのでしょうか？

 取引先の工場の修理代は、修理業者の請求書に従い、課税仕入れとして処理しましょう。

| 日付 | 借方科目 | 借方金額 | 貸方科目 | 貸方金額 | 取引先 |
|---|---|---|---|---|---|
| | 消費税区分 | （内 消費税） | 消費税区分 | （内 消費税） | 摘　要 |
| 2025/6/8 | 雑損失 | 231,000 | 預金 | 231,000 | ○○塗装（有） |
| | 課税仕入れ10% | 21,000 | 不課税 | | 取引先の壁修理 |

保険金の入金は、消費税のかからない取引です。

| 日付 | 借方科目 | 借方金額 | 貸方科目 | 貸方金額 | 取引先 |
|---|---|---|---|---|---|
| | 消費税区分 | （内 消費税） | 消費税区分 | （内 消費税） | 摘　要 |
| 2025/7/2 | 預金 | 200,000 | 雑収入 | 200,000 | △△保険（株） |
| | 不課税 | — | 不課税 | — | 保険金 |

## Q 1-40 期日を過ぎても代金が振り込まれないとき（貸倒れの判断）

納品した商品代金が期日を過ぎても振り込まれません。
貸倒れとして処理してもよいのでしょうか？

**A** 商品代金が期日を過ぎても振り込まれないというだけでは、貸倒れにはあたりません。相手先が振込みを忘れているだけかもしれませんので、まずは連絡してみましょう。

# Q 1-41 貸倒れ処理と消費税の控除

商品代金の入金が遅れがちだった取引先との取引を停止して、1年以上経ちました。最後に納品した商品代金の支払期限からも、すでに1年経っていますが、いまだに振り込まれません。このため、貸倒れの処理を進めようと思います。

売上げを計上するのは、商品を引き渡した時でした（→ Q1-1）。消費税の納税はその商品を引き渡した課税期間にすでに済ませていますが、商品代金を回収できなかった場合は、消費税を納めすぎたことになります。

納めすぎた消費税は、貸倒れが決定的となった課税期間の納付税額を減らすことで取り戻すことができます。

取り戻す手続きとして、まず、貸倒れ処理の対象となった売上げについて、次のフローチャートで確認しましょう。

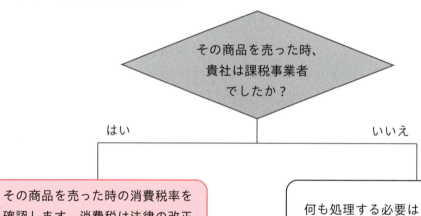

請求書の控えを確認したら、消費税率10%でした。

| 日　付 | 借方科目 | 借方金額 | 貸方科目 | 貸方金額 | 取引先 |
|---|---|---|---|---|---|
| | 消費税区分 | （内 消費税） | 消費税区分 | （内 消費税） | 摘　要 |
| 2025/3/12 | 貸倒損失 | 1,100,000 | 売掛金 | 1,100,000 | ○△商店 |
| | 貸倒10% | 100,000 | 不課税 | | 貸倒れ |

## 課税期間とは

　消費税の課税期間とは、消費税の確定申告書を提出するサイクルのことで、会社の場合は事業年度、個人事業者の場合は暦年が原則です。原則どおりであれば、消費税の課税期間は法人税や所得税の課税期間と一致します。

　消費税の課税期間を3か月や1か月に短くすることもできます。輸出取引を営むなど消費税の還付を受ける事業者は、課税期間を短くすると還付を受けるサイクルが短くなり、資金繰りが良くなります。

# Q 1-42 取引先の法的整理と貸倒れ処理のタイミング

　ある日、知らない弁護士さんから「受任通知」というタイトルのファックスが送られてきました。くわしく読んでみたところ、「その弁護士さんは当社の得意先から依頼を受けたらしい」、「その得意先は多額の負債を抱え、法的整理を準備している」ということがわかりました。
　その得意先には売掛金が残っているのですが、貸倒れ処理をすべきでしょうか？

「法的整理を準備している」というだけでは、貸倒れの処理はできません。貸倒れの処理ができる要件は厳密に決まっていて、

- 会社更生法の規定による更生計画認可の決定により債権の切り捨てがあった
- 民事再生法の規定による再生計画認可の決定により債権の切り捨てがあった
- 会社法の規定による特別清算に係る協定の認可の決定により債権の切り捨てがあった
- 破産手続廃止の決定があり、取引先の登記が閉鎖された

など「受任通知」が来てからずっと後の段階になります。

　法的整理がどのような段階にあるかによって「貸倒れの処理をすべきorまだ処理してはいけない」が決まります。

　受任通知の後にも、その弁護士さんから送られてくる通知があるはずですので、きちんと確認し、決算月まで通知がなければ取引先の謄本を確認したり、こちらから弁護士さんに連絡するなどして情報を取得しましょう。

第 2 章

# 仕入れ・購買と消費税

商品販売や製造業には、商品仕入れや原材料仕入れなど仕入れが欠かせません。
第 2 章では、仕入れや購買に関わる消費税について解説します。

## Q 2-1 仕入れを計上するタイミング（検収）

製品の加工を外注（委託）しています。当社の倉庫に納品された製品を当社の担当者が検収し、検収が完了した日の翌月末日に支払いをしているのですが、どの日を課税仕入れの日とすればよいのでしょうか？

「どの日を課税仕入れの日とするか」は、**Q1-1**で見た「売上げを計上するタイミング」と同じように考えます。

外注先から倉庫に納品された後に検収を行うということですので、「納品された日」または「検収が完了した日」のいずれかになると思われます。製品の種類や性質、契約の内容などを検討して貴社に適した日を決め、その日を課税仕入れの日としましょう。

なお、一度決めた基準は特別な事情がない限り、継続しなければなりません（→**Q4-6　重要性の原則・継続性の原則**）。

### 課税仕入れとは

「課税仕入れ」とは、商品の仕入れや原材料の仕入れだけではなく、機械や建物などの事業用固定資産の購入または賃借、事務用品の購入、複合機などのリース、事務所の賃借、運送など、消費税がかかるすべての購入や賃借、サービスが「課税仕入れ」に含まれます。

注意点は次の3つです。
- 消費税が課されない支出は「課税仕入れ」ではない。
  （例）お布施、土地の購入、借入金の返済
- 仕入先が免税事業者や消費者であっても「課税仕入れ」である。
- 「課税仕入れ」のうち、インボイス発行事業者以外からの「課税仕入れ」は「仕入税額控除を受けられない」（仕入税額控除については→**Q2-2　仕入税額控除とは**参照）

## Q 2-2 　発注から仕入れまで期をまたぐ場合

　決算月の月末に商品を発注しましたが、取引先の倉庫から出荷されたのが翌期首でした。この商品は、当期の課税仕入れになりますか？

　取引先の倉庫から出荷されたのが翌期首なので、当期の課税仕入れにはなりません。

### 当期の課税仕入れにならないとどうなる？

　一般課税の場合、仕入税額控除の額は、実際の課税仕入れに基づいて計算します（→下記の **仕入税額控除とは** 参照）。

　当期の課税仕入れの金額が大きければ、消費税の納付税額は小さくなります。逆に当期の課税仕入れにならず課税仕入れの金額が小さくなると、当期の納付税額が多くなります。

### 仕入税額控除とは

　消費税は消費者が負担し、会社や個人事業者のような事業者が税務署に納付する税金です。納付する税額は「売上げにかかる消費税額」から「仕入税額」を差し引いて納めます。

　この差し引くことを「仕入税額控除」といいます。

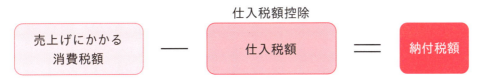

　この仕入税額の計算方法は、次の3つがあります。

### ▶一般課税

　原則課税や本則課税と呼ばれることもあります。仕入税額は、実際の課税仕入れ（→Q2-1）に基づいて計算します。課税仕入れのうち仕入税額控除できるのは、インボイスの交付を受けて保存しているもの、帳簿の記載があるもの、課税売上げのために必要なもの（→Q4-12）などの要件に当てはまるものです。

▶ **簡易課税**

簡易課税では、納付税額を次のように計算します。

売上げにかかる消費税額 － 売上げにかかる消費税額 × みなし仕入率 ＝ 納付税額

みなし仕入率は、事業者の営む事業の種類ごとに40％から90％まで6つに分けられています。

| 区　分 | 該当する事業 | みなし仕入率 |
| --- | --- | --- |
| 第一種 | 卸売業 | 90％ |
| 第二種 | 小売業、農林漁業（飲食料品の販売） | 80％ |
| 第三種 | 製造業、農林漁業（飲食料品の販売除く）、テイクアウト専門飲食店など | 70％ |
| 第四種 | その他の事業（飲食業、材料支給のある製造業や建築業など） | 60％ |
| 第五種 | サービス業など | 50％ |
| 第六種 | 不動産業 | 40％ |

▶ **2割特例**

2割特例とは、簡易課税の「みなし仕入率」の部分が、事業の種類にかかわらず、80％に固定される特例措置です。2割特例は、令和5年10月1日から令和8年9月30日までの日の属する課税期間に限って使えます。

売上げにかかる消費税額 － 売上げにかかる消費税額 × 80％ ＝ 納付税額

### 3つの計算方法のうち、いずれを使うか

一般課税、簡易課税、2割特例は、自由に選ぶことはできず、事業の規模や届出の有無によって、次のような制限があります。

| 計算方法 | 適用を受けられる事業者 |
|---|---|
| 一般課税 | 簡易課税の適用を受ける事業者以外です。<br>２割特例の適用を受けられる事業者は、課税期間終了後に、一般課税と２割特例の計算結果を比較して選ぶことができます。 |
| 簡易課税 | 次の２つの要件に両方当てはまる事業者は、簡易課税で申告します。<br>① ２事業年度前の課税売上高が5,000万円以下であった事業者<br>② 簡易課税制度選択届出書を、適用を受けようとする課税期間開始前に提出している事業者（提出期限の例外については**Q5-12**参照）<br>２割特例の適用を受けられる事業者は、課税期間終了後に、簡易課税と２割特例の計算結果を比較して選ぶことができます。 |
| ２割特例 | ２事業年度前の課税売上高が1,000万円以下で、前事業年度の上半期の課税売上高と給与等支払額のいずれかが1,000万円以下であった事業者は２割特例を選ぶことができます。<br>ただし、インボイス発行事業者の登録を受けていない事業者、課税期間を短縮している事業者は、２割特例の適用を受けられません（→**Q1-41　課税期間とは**）。また、過年度に高額な資産を取得している場合、２割特例の適用を受けられないことがあります。 |

特に簡易課税については、次のことに注意してください。

- 簡易課税を選択すると、原則として２年間は継続して簡易課税で納付税額を計算しなければなりません（２事業年度前の課税売上高が5,000万円を超えている場合を除きます）。
- 簡易課税を選択している事業者が一般課税に変更するためには、一般課税で申告しようとする課税期間開始前に、「消費税簡易課税制度選択不適用届出書」という書類を、納税地の税務署に提出しなければなりません。
- 毎年、一般課税で申告していても、それは年間の課税売上高が常時5,000万円超であるためであり、もしかしたら、過去に「消費税簡易課税制度選択届出書」を提出し、「消費税簡易課税制度選択不適用届出書」を提出しないままでいるかもしれません。このような場合、２事業年度前の課税売上高が5,000万円以下になったときは簡易課税で申告しなければなりません。届出書の提出履歴の管理を怠らないようにしましょう。

## Q 2-3 仕掛かりの場合

機械を受注生産しています。先日、部品の加工を外注し、外注代を支払いました。当社が完成品を売上げ先に納品するのは来期の予定ですが、この外注代はどの課税期間の課税仕入れになるのですか？

**A** 外注した加工が完了し、貴社に加工品が引き渡された日が、課税仕入れの日になります。完成した機械を売上げ先に納品する日が来期であっても、外注代は当期の課税仕入れです。

外注代を支払ったときは、会計ソフトに次のように入力します。

| 日 付 | 借方科目 | 借方金額 | 貸方科目 | 貸方金額 | 取引先 |
|---|---|---|---|---|---|
|  | 消費税区分 | (内 消費税) | 消費税区分 | (内 消費税) | 摘 要 |
| 2024/12/12 | 外注代 | 2,200,000 | 買掛金 | 2,200,000 | ○△加工 |
|  | 課税仕入れ10% | 200,000 | 不課税 |  | 加工代 |

機械の納品は来期ですので、期末整理でこの外注代に相当する額を仕掛品に計上します。

| 日 付 | 借方科目 | 借方金額 | 貸方科目 | 貸方金額 | 取引先 |
|---|---|---|---|---|---|
|  | 消費税区分 | (内 消費税) | 消費税区分 | (内 消費税) | 摘 要 |
| 2025/3/31 | 仕掛品 | 2,000,000 | 期末仕掛品棚卸高 | 2,000,000 | □□機械 |
|  | 不課税 | — | 不課税 |  | 仕掛品 |

（注） 税抜経理の場合

### 仕掛品を計上する意味

事業から生み出される損益を正確に把握するために、収益とそれを生み出すのに要した費用は、同一の事業年度に計上されなければいけません。これを「費用収益対応の原則」といいます。

上記のケースでは、機械は来期に納品する予定ですから、当期の売上げにはなりません。にもかかわらず、外注代を当期の費用としてしまうと、売上げと費用の計上時期がずれてしまいます。そのため、「仕掛品」という資産科目を計上することで、損益計算から除外しているのです。

消費税の課税仕入れは、費用収益対応の原則とは関係なく、引き渡しの日を課税仕入れの日とするのが原則なので、外注代は当期の課税仕入れになります。

## Q 2-4 出来高検収書による支払いの場合

当社は建設会社ですが、建物の基礎工事は専門業者に外注しています。外注工事の期間が数か月に及ぶときは、月ごとに当社が出来高検収書を作成し、専門業者に内容を確認してもらって支払いをしています。
このような場合、専門業者に外注した工事がすべて終わるまで、課税仕入れにならないのですか？

出来高検収書を作成し、外注先の専門業者の確認を受けて支払いをしている場合は、「確認を受けた日」を課税仕入れの日とすることができます。

## Q 2-5 期末棚卸資産の単価と消費税

期末の棚卸資産の単価は、税込金額と税抜金額のどちらで計算するのですか？

会社が税込経理を行っている場合は税込金額、税抜経理を行っている場合は税抜金額で計算します。

### 棚卸資産の単価

棚卸資産の単価は、原則として「最終仕入原価法」という方法で計算します。

最終仕入原価法とは、事業年度終了の直前に購入した単価を棚卸資産の単価とする方法です。単価は事業年度終了の直前のものを使いますが、商品の出荷の順番には影響しません（古いものから順次出荷しても問題ありません）。

棚卸資産の計算方法には、最終仕入原価法以外にも「個別法」「先入先出法」「総平均法」「移動平均法」、「売価還元法」があります。取り扱っている商品に適した評価方法としましょう。

ただし、最終仕入原価法以外の方法に変更したい場合は、変更しようとする事業年度開始の日の前日までに、納税地の税務署へ「変更承認申請書」を提出する必要があります。

## Q 2-6 リベートを受け取ったとき

B社と特約店契約を結びました。契約では、毎年、売上高の5％のリベートをもらえることになっています。
このリベートに、消費税はかかるのですか？

**A** リベートには消費税がかかります。リベートの受け取りは仕入金額の一部を返してもらう取引ですので、不良品の返品と同じような勘定科目、消費税の区分で処理を行います（→Q2-8）。

会計ソフトには、仕入高の逆仕訳として入力するか、「仕入割戻し」や「雑収入」として入力します。

| 日 付 | 借方科目 | 借方金額 | 貸方科目 | 貸方金額 | 取引先 |
|---|---|---|---|---|---|
|  | 消費税区分 | （内 消費税） | 消費税区分 | （内 消費税） | 摘 要 |
| 2024/10/31 | 普通預金 | 330,000 | 雑収入 | 330,000 | B社 |
|  |  | — | 仕入返還10% | 30,000 | 今年度リベート |

### 経営者にとってリベートとは

リベートとは、メーカー、卸売業者、小売業店の間でよく見られる販売促進の手法です。

小売店は、メーカーや卸売業者から少しでも安い価格で仕入れられるような契約にしたいところですが、力関係もあり「これだけ売ったら○％戻すので、この金額で仕入れてください。」という、成果報酬のようなリベート条件付きで契約せざるを得ないこともあります。

ただ、小売店としては、「たまたまリベート条件の良い商品が多く売れたから、今期は黒字だった」というような状況は、安定した経営とはいえません。

リベートに頼らない経営を目指すために、専門性の高い商品の仕入れ、販売後の保守修繕、見込み客や常連客との関係性強化などを図りましょう。

## Q 2-7 売れ残り商品を廃棄したとき

売れ残り商品を廃棄しました。消費税はどうなりますか？

**A** 売れ残り商品の廃棄は、消費税のかかる取引ではありません。しかし、売れ残って廃棄したとしても、商品を仕入れたのは事実ですから、商品仕入れ時に支払った消費税は「インボイスの保存」と「帳簿の記載」という条件を満たすことにより、仕入税額控除が可能です。

商品の仕入れをしたときは、会計ソフトに次のように入力します。

| 日　付 | 借方科目 | 借方金額 | 貸方科目 | 貸方金額 | 取引先 |
|---|---|---|---|---|---|
|  | 消費税区分 | （内 消費税） | 消費税区分 | （内 消費税） | 摘　要 |
| 2025/4/5 | 商品仕入高 | 162,000 | 買掛金 | 162,000 | △△食品卸 |
|  | 課税仕入れ軽8% | 12,000 | 不課税 |  | 乳製品 |

4月5日に仕入れた乳製品のうち、税抜2,000円分が売れ残り、賞味期限が来てしまったので、商品を廃棄しました。

| 日　付 | 借方科目 | 借方金額 | 貸方科目 | 貸方金額 | 取引先 |
|---|---|---|---|---|---|
|  | 消費税区分 | （内 消費税） | 消費税区分 | （内 消費税） | 摘　要 |
| 2025/4/30 | 商品廃棄損 | 2,000 | 仕入高 | 2,000 |  |
|  | 不課税 |  | 不課税 |  | 廃棄損 |

貴社が税抜経理で経理をしている場合、廃棄損は税抜の金額で計上します。

## Q 2-8 不良品を返品したとき

不良品があったので、返品して代金を返してもらおうと思います。この代金にかかる消費税も返してもらえますよね？

消費税も返してもらうことができます。

返品をして代金を返してもらったときは、会計ソフトには次のように入力します。

| 日　付 | 借方科目 | 借方金額 | 貸方科目 | 貸方金額 | 取引先 |
| --- | --- | --- | --- | --- | --- |
| | 消費税区分 | （内 消費税） | 消費税区分 | （内 消費税） | 摘　要 |
| 2024/10/31 | 普通預金 | 22,000 | 仕入高 | 22,000 | ○○卸 |
| | 不課税 | — | 仕入返還10% | 2,000 | 不良品の返品 |

返品は会計ソフトの消費税区分として「仕入返還」という区分を使うことが原則ですが、経理のルールとして「返品は課税仕入れから直接控除する」と決めて、継続してその処理を行うということも認められます（→ Q4-6　重要性の原則・継続性の原則）。

| 日　付 | 借方科目 | 借方金額 | 貸方科目 | 貸方金額 | 取引先 |
| --- | --- | --- | --- | --- | --- |
| | 消費税区分 | （内 消費税） | 消費税区分 | （内 消費税） | 摘　要 |
| 2024/10/31 | 普通預金 | 22,000 | 仕入高 | 22,000 | ○○卸 |
| | 不課税 | — | 課税仕入れ10% | 2,000 | 不良品の返品 |

## Q 2-9 債務を代物弁済したとき

　資金繰りが悪化し、仕入先への支払い1,000万円が滞ってしまいました。
　話し合った結果、支払いの代わりに、当社の店舗設備を仕入先へ譲ることになりました。
　この取引は買掛金の精算ですから、消費税はかかりませんよね？

　「店舗設備を仕入先に譲り渡すことで買掛金を帳消ししてもらう」という取引ですが、この取引は「店舗設備を売った」ものとして、消費税がかかります。

　このケースでは、1,000万円（税込）の課税売上高となります。

　買掛金が帳消しされただけで、手元の現金や預金は1円も増えていないのに課税売上高が生じることに注意が必要です。

## Q 2-10 ひとり親方・従業員の違いと消費税の取扱い

 ひとり親方への支払いと従業員へ支払う給料とでは、消費税の扱いが違うのですか？

 ひとり親方への支払いは、課税仕入れです（ひとり親方にとっては事業収入）。

従業員への給料は、消費税は不課税です（従業員にとっては給与収入）。

ひとり親方か従業員かを区別する最も重要なものは契約書の内容ですが、契約書がない場合は、次のようなポイントをもとに、総合的に判断します。

|  | ひとり親方 | 従業員 |
| --- | --- | --- |
| 契　　約 | 請負契約 | 雇用契約 |
| 請け負った仕事が終わったら、帰宅できるか？ | 帰宅できる。 | 決められた時間まで別の作業をする。 |
| 材料や用具は？ | 自分で用意する。 | 貸出しや支給。 |
| 指示や監督は？ | 具体的な内容や方法は任されている。 | 具体的な内容や方法の指示がある。 |
| 急病のとき | 同業の仲間に代理を頼む。代理で行ってくれた仲間には自分が報酬を払う。 | 発注元が代理を見つけ、報酬も発注元が代理の作業者に支払う。 |
| 完成前に天災などで壊れたとき | やり直すまで、報酬はもらえない。 | 作業に従事した分は報酬がもらえる。 |
| 税　　金 | 消費税を上乗せ（インボイス発行事業者の場合） | 源泉所得税を天引き |

## Q 2-11 年間の課税売上高1,000万円超とは

建築現場の仕事を任せている職人さん（個人事業者）から、値上げの相談をされました。
「一昨年の収入が1,000万円を超えたので、消費税の申告・納付が必要だから」ということですが、どういう意味でしょうか？

個人事業者は、1月1日から12月31日までの1年間の課税売上高が1,000万円を超えると、翌々年は課税事業者です。

- 消費税の申告・納付をする事業者　→　課税事業者
- 消費税の申告・納付をしない事業者　→　免税事業者

2年前の課税売上高による判定のほか、1年前の1月～6月の課税売上高（または給与等支払額※）による判定もあります。

※　給与等支払額とは、その職人さんが支払った給与、ボーナスの合計です。通勤手当や交通費の立替金などは含みません。

個人事業者の納税義務の判定は、下の図のとおりです。

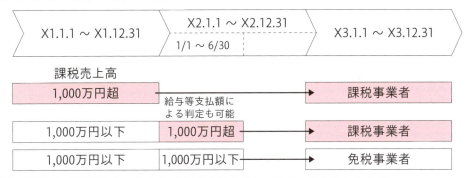

（注）　国税庁「消費税のあらまし（令和6年6月）」20ページをもとに作成

ただし、この職人さんがインボイス発行事業者の登録をしている場合は、前々年の課税売上高が1,000万円を超えているかどうかにかかわらず、消費税の申告・納付をしなければなりません。

### どれくらい値上げすべき？

消費税の納付税額は事業の規模や種類によって異なりますが、建築現場の職人さんで、1,000万円くらいの課税売上高でしたら、約20万～40万円と考えられます。価格交渉の参考にしてください。

## Q 2-12 免税事業者への発注額

 免税事業者である外注先と、発注額について話し合っています。今後、どうしていくのがよいのでしょうか？

 令和5年10月よりインボイス制度が始まりました。免税事業者である外注先とは、このインボイス制度への対応について、よく話し合っていく必要があります。

まず、この制度によって何が変わったのか、確認していきましょう。

▶ 制度開始前

外注先が免税事業者であっても課税事業者であっても、当社にとって課税仕入れであり、仕入税額控除ができました。

▶ 制度開始後

免税事業者への外注が課税仕入れであることは制度開始前と変わりませんが、免税事業者への外注は仕入税額控除を受けることができなくなります。

次の図のように、令和11年9月30日までは、一定の金額まで仕入税額控除を受けられる経過措置がありますが、控除額は徐々に少なくなります。免税事業者への支払いを制度開始前と変えない場合、濃い色の部分が、貴社にとっての負担増になります。

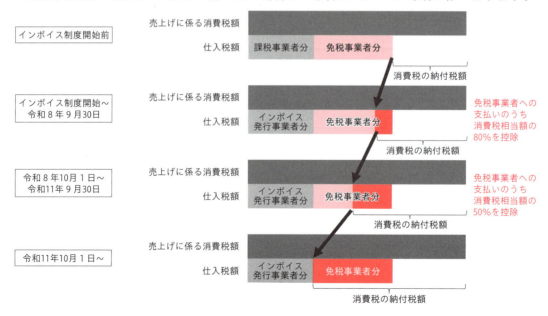

発注側の経営の視点から見ると、

- 免税事業者にもインボイス発行事業者の登録を受けてもらう。
- 登録を受けないのであれば、消費税相当の金額を減額してもらう。
- 技術力が同じならば、別のインボイス発行事業者に依頼する。

など、消費税の納付税額の増加を避けたいところです。

一方、受注側の免税事業者にも事情があります。インボイス発行事業者の登録を受けると、消費税の申告・納付が免除されなくなるため、手取り額が減り、申告や納付の事務負担も増えます（→**Q5-20　インボイス発行事業者の義務**）。

そこで、発注側は受注側である免税事業者の事情を考慮して、次のような交渉をしましょう。

- インボイス発行事業者への登録を求め、要請に応じてインボイス発行事業者の登録を受けた事業者に対しては、新たに発生する消費税の納付税額を補う程度の値上げを検討する。
- 免税事業者に留まる場合は、上図の濃い色の部分を減額することについてよく説明し、合意を求める。

「登録をしなければ取引を打ち切る」などと一方的に通告したり、形式的な交渉だけで一方的に低い価格を設定したりすることは、独占禁止法または下請法上、問題となる恐れがあります。

# Q 2-13 海外居住者へ報酬を支払うとき

海外に住んでいる人に、現地の市場調査を依頼しました。
この依頼に伴い支払う報酬には、消費税がかかるのですか？

　海外に住んでいる人に現地の市場調査を依頼することは、消費税のかかる取引ではありません。

　調査結果は日本において活用されますが、調査した人は、調査や分析、報告書の作成をすべて海外で行っています。これは「海外で行った取引」と判断されますので、日本の消費税はかかりません。

### 海外に住んでいる人に仕事を依頼するときの注意点

　海外に住んでいる人に翻訳を依頼することも、上記の市場調査の依頼と同様に扱ってよいでしょうか。

　「市場調査の報告書作成」と「翻訳文の作成」は、よく似ているように感じますが、実は次のような違いがあります。

|  | 翻　訳 | 市場調査 |
| --- | --- | --- |
| 形　態 | 著作権の譲渡またはサービス | サービス |
| 海外に住んでいる人に依頼した場合の消費税 | かからない | かからない |
| 所得税の源泉徴収 | 翻訳文を買い取る契約ならば必要※ | 不要 |

　※　源泉徴収が必要かどうかは、その契約が「翻訳文の買い取り」か「翻訳というサービス」かによって異なります。また、その人が住んでいる国と日本との間で、租税条約（両国間の税金に関する取り決め）を結んでいるかどうかや、その条約の内容によっても異なります。海外に住んでいる人に仕事を依頼するときは、事前に専門家へ相談しましょう。

## Q 2-14 輸入品にかかる消費税

> 海外の会社から商品を輸入しました。輸入手続きを依頼した通関業者からの請求書には、代行手数料のほか、輸入品にかかる消費税や地方消費税が載っています。
> 海外の会社にも消費税を払わなければいけないのですか？

輸入品には通関時に、関税や消費税、地方消費税のほか、酒税、たばこ税など、さまざまな税金がかかります。これらの税金は輸入元である海外の会社に支払うのではなく、税関に支払います。

通関業者から受け取った書類をよく見てみましょう。請求書のほかに、次のような「輸入許可通知書」がありませんか。

貴社はこの輸入許可通知書に記載された消費税について、仕入税額控除を受けることができます。輸入許可通知書は貨物を引き取った日の属する課税期間の末日の翌日から2か月を経過した日から7年間、本店などに保存します（→ Q5-2）。

---

輸入許可通知書

| 代表税番 | 申告種別 | 区分 | あて先税関 | 部門 | 申告年月日 | 申告番号 |
|---|---|---|---|---|---|---|
| ・・・・ | ・・・ | ・・・ | ・・・ | ・・・・ | 2024/9/30 | ・・・・ |

輸　入　者　　・・・・・・・A INC
　　住所　100XXXX　TOKYO TO　CHIYODA KU
　　　　　KASUMIGASEKI　XXXX　BUILDING
　　電話　0XXXXXXXXX

税関事務管理人　　　・・・・　・・・・

輸入取引者
仕　出　人　　・・・・・　・・・・・
　　住所

輸出の委託者
代　理　人　C PORT SERVICE CO.LTD　　　　　通関士コード　　検査立会者

| 税科目 | 税額合計 | 納税額合計 | ￥1,800,000 |
|---|---|---|---|
| D 関税 | ￥0 | | |
| F 消費税 | ￥1,404,000 | | |
| A 地方消費税 | ￥396,000 | | |

輸入許可日　2024/10/11

　　　　　　　　　　　　　　　　　　　　　東京税関長

輸入の際に支払った消費税を会計ソフトに入力するときの勘定科目は「仮払消費税」にします。消費税の区分は、輸入品に関する消費税がありますので、その区分を選びましょう。

| 日　付 | 借方科目 | 借方金額 | 貸方科目 | 貸方金額 | 取引先 |
| --- | --- | --- | --- | --- | --- |
| | 消費税区分 | （内　消費税） | 消費税区分 | （内　消費税） | 摘　要 |
| 2024/10/31 | 仮払消費税 | 1,800,000 | 普通預金 | 1,800,000 | Cポートサービス |
| | 輸入課税仕入れ 10% | — | 不課税 | | 輸入消費税、地方消費税 |

第 **3** 章

# 人事・福利厚生と消費税

　事業活動には人材が欠かせません。給与や退職金を支給し、食事などの職場環境も整えなければなりません。モチベーション維持のための福利厚生も大切でしょう。
　第3章では、人事や福利厚生に関わる消費税について解説します。

## Q 3-1 給与以外の各種手当と消費税

当社では、従業員への給与として基本給のほか、時間外手当、通勤手当、家族手当などをつけています。
これら各種手当は、消費税についてどのように扱われるのでしょうか？

主な手当の内容と消費税について、次にまとめます。

| 通勤手当 |
|---|
| 通勤手当は通勤手段によって、次のような金額を支給するのが一般的です。<br>● 公共交通機関を使う人には、定期券代の支給や定期券の現物交付<br>● 自分の自動車などを使う人には、自宅から勤務場所までの距離に応じて定めた支給額<br>交通手段や距離に応じて「〇〇円までなら源泉所得税の非課税」という上限がありますが、消費税では通勤に通常必要と認められる金額であれば、源泉所得税の非課税の上限を超えていても課税仕入れになります。 |
| 日当 |
| 日当とは、出張の際のランチ代や近距離の電車・バス代、諸々の雑費をまかなう目的で支給するものです。出張先・出張期間・役職等に応じて旅費規程で金額を定めて支給するのが一般的です。<br>日当のうち通常必要であると認められる部分は課税仕入れになります。領収証等を提出して精算する必要もありません。 |
| 在宅勤務手当 |
| 在宅勤務手当の支給方法としては、在宅勤務に必要な費用を精算する方法と定額を渡し切りで支給する方法があります。<br>領収証等を従業員から提出してもらい、精算するときは課税仕入れになります。一方、渡し切りの場合は給与として扱われますので、課税仕入れとなりません。<br>従業員が領収証等をなくしてしまって提出を受けられなかった場合はどうでしょうか。この場合、領収証等がないと仕入税額控除のための要件を満たせませんので、渡し切りと同様に扱った方がよいと考えられます。 |

### 単身赴任手当

　勤務地の異動等に伴って引越しをし、やむを得ない事情により同居していた配偶者等と別居して単身で生活することとなった社員に支給するものです。

　単身赴任により家賃や水道光熱費が二重にかかるなど、生活費の負担が大きくなることに配慮して支給するものと、週末などに帰宅するための旅費として支給するものが考えられますが、いずれも消費税の課税仕入れではありません。

### 家族手当・配偶者手当

　配偶者や子どものいる社員に支給するものです。
　消費税の課税仕入れではありません。

### 時間外手当・残業手当・休日出勤手当・深夜手当

　労働基準法では、次のような手当が決められています。
- 就業規則や雇用契約書などで定めた労働時間を超えた場合……時間外手当（法定労働時間（1日8時間・週40時間）を超えたときは割増しがあります）
- 法定休日（週1日）に勤務したとき……休日出勤手当
- 22時から5時までの間に勤務したとき……深夜手当

これらは、消費税の課税仕入れではありません。

### 食事手当

　社員食堂がないなどの理由により、食事手当を支給する会社もあります。食事手当は消費税の課税仕入れではありません。

## Q 3-2 各種手当に関するインボイスの保存

通勤手当や日当に関する領収証やインボイスは、どうやって取得すればよいのでしょうか？

　　通勤手当や日当の支払先は、従業員や役員です。従業員や役員はインボイス発行事業者ではありませんから、各種手当の支給にあたって、インボイスの交付を受けることはできません。

　インボイスを保存しなければ仕入税額控除を受けられないというのが原則的なルールですが、通勤手当や日当は特例として、帳簿の記載と保存のみで仕入税額控除を受けられます。

　帳簿には次のように、特例によってインボイスの保存なしで仕入税額控除が受けられる旨を書いておきます。

| 日　付 | 借方科目 | 借方金額 | 貸方科目 | 貸方金額 | 取引先 |
|---|---|---|---|---|---|
| | 消費税区分 | （内　消費税） | 消費税区分 | （内　消費税） | 摘　要 |
| 2025/3/10 | 交通費 | 7,100 | 現金 | 7,100 | 〇△三郎 |
| | 課税仕入れ10% | 645 | 不課税 | — | 通勤手当特例 |

## Q 3-3 現物給与にかかる源泉所得税と消費税

在宅勤務に必要な机やいす、カーテンを従業員が購入し、インボイスや領収証の提出を受けて実費を精算しました。この机やいす、カーテンは従業員の所有とし、返却してもらう予定はありません。

これらは現物給与として源泉所得税がかかるとのことですが、源泉所得税の計算は消費税抜きの金額を対象とすればよいのでしょうか？

**A** 在宅勤務に必要な机やいす、カーテンを従業員が購入して実費精算することは**Q3-1**で見た在宅勤務手当に当てはまります。**Q3-1**では消費税の課税仕入れとなるかどうか、という視点で確認しましたが、手当に関する税金としてもう一つ「源泉所得税」も考慮しなければなりません。

「源泉所得税」の視点では、机やいす、カーテンなど従業員の所有となる品物の購入代金を会社が負担することは「現物給与」です。「現物給与」には源泉所得税がかかり、消費税込みの金額を対象とします。

### 現物給与になる・ならないの境界線

机やいす、カーテンのように自分の好みで選んで実費精算したのとは異なり、会社が全社員に在宅勤務用として同一機種のノートパソコンを支給した場合はどうでしょう？ これも現物給与で、源泉所得税の対象となります。

ただし「支給」ではなく、会社備品の「貸与」ならば、源泉所得税の対象とはなりません。在宅勤務から出社へ切り替わった際に、「返却」したりオフィスで引き続き使ったりするならば、「貸与」にあたるでしょう。

また、在宅勤務で使用する通信費や電気代など、プライベートの利用と混ざっているものは、合理的な計算方法で分けて在宅勤務に使った金額だけを支給すれば、源泉所得税の対象としなくてもよいとされています。

## Q 3-4 派遣社員の給料と消費税

当社では、同じ職場に正社員と派遣社員がいます。
仕事内容はほぼ同じですが、消費税では違いがあるのですか？

正社員には貴社が直接給料を支給し、その給料には消費税はかかりません。一方、派遣社員の場合は貴社は社員本人に給与を支給せず、人材派遣会社に支払います。この人材派遣会社への支払いは「サービスの対価」なので、消費税の課税仕入れになります。

なお、派遣社員が人材派遣会社から受け取る給与には、消費税はかかりません。

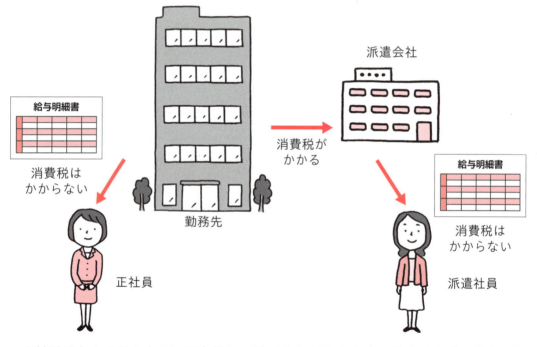

人材派遣とよく似たものに出向社員の受け入れがあります。出向元企業に給与負担金を支払う場合、消費税はかかりません。

## Q 3-5　毎月の社会保険料の支払い

毎月月末に、年金事務所へ社会保険料を支払っています。
この社会保険料の支払いは、消費税ではどのように扱われるのですか？

社会保険料の支払いは、消費税は非課税です。

## Q 3-6　健康診断にかかる費用

労働安全衛生法の決まりにより、従業員に健康診断を受けてもらわなければなりません。
健康診断は医療機関で行うものですが、消費税はかかるのですか？

健康診断は保険診療ではなく自由診療なので、消費税の課税仕入れです。

## Q 3-7　海外出張の支度金

海外へ出張する従業員に対し、会社の規程により、支度金を支給しています。
この支度金は、消費税はどのように扱われるのでしょうか？

海外へ出張するには、スーツケースを買ったり、空港へ行くために電車に乗ったりと、国内で必要な費用もありますので、国内での準備に通常必要であると認められる部分の金額であれば、課税仕入れとなります。実費精算をしなくても課税仕入れです。

## Q 3-8 借上げ社宅の家賃

居住用のマンションを会社で借りて、従業員の社宅として提供としようと考えています。
この場合、会社が借りるのですから、家賃は課税仕入れですよね？

会社が契約者であっても、居住用マンションの借入れは、消費税は非課税です。

## Q 3-9 社宅家賃の従業員負担分

社宅に住んでいる従業員については、社宅家賃を給与から天引きしています。
この天引き分は、消費税ではどのような扱いになるのでしょうか？

社員から社宅家賃を天引きすることは、会社にとっては家賃収入になります。居住用物件の家賃ですから、消費税は非課税です。
社宅家賃の収入は経理処理上、勘定科目を雑収入とすることが多いです。

## Q 3-10 退職金を支給したとき

退職する従業員へ、会社の規程に基づいて退職金を支給しました。
この場合、退職金に消費税はかかりますか？

退職金の支給は、消費税の課税仕入れではありません。

## Q 3-5 毎月の社会保険料の支払い

毎月月末に、年金事務所へ社会保険料を支払っています。
この社会保険料の支払いは、消費税ではどのように扱われるのですか？

社会保険料の支払いは、消費税は非課税です。

## Q 3-6 健康診断にかかる費用

労働安全衛生法の決まりにより、従業員に健康診断を受けてもらわなければなりません。
健康診断は医療機関で行うものですが、消費税はかかるのですか？

健康診断は保険診療ではなく自由診療なので、消費税の課税仕入れです。

## Q 3-7 海外出張の支度金

海外へ出張する従業員に対し、会社の規程により、支度金を支給しています。
この支度金は、消費税はどのように扱われるのでしょうか？

海外へ出張するには、スーツケースを買ったり、空港へ行くために電車に乗ったりと、国内で必要な費用もありますので、国内での準備に通常必要であると認められる部分の金額であれば、課税仕入れとなります。実費精算をしなくても課税仕入れです。

## Q 3-8 借上げ社宅の家賃

居住用のマンションを会社で借りて、従業員の社宅として提供としようと考えています。
この場合、会社が借りるのですから、家賃は課税仕入れですよね？

会社が契約者であっても、居住用マンションの借入れは、消費税は非課税です。

## Q 3-9 社宅家賃の従業員負担分

社宅に住んでいる従業員については、社宅家賃を給与から天引きしています。
この天引き分は、消費税ではどのような扱いになるのでしょうか？

社員から社宅家賃を天引きすることは、会社にとっては家賃収入になります。居住用物件の家賃ですから、消費税は非課税です。
社宅家賃の収入は経理処理上、勘定科目を雑収入とすることが多いです。

## Q 3-10 退職金を支給したとき

退職する従業員へ、会社の規程に基づいて退職金を支給しました。
この場合、退職金に消費税はかかりますか？

退職金の支給は、消費税の課税仕入れではありません。

## Q 3-11 現物支給による退職金

古参の従業員が退職することとなりました。当社は退職金に関する規程はありませんが、長く貢献してくれた社員なので、退職金の希望を聞いたところ「社用車を譲ってほしい」ということでした。
この従業員へ退職金として社用車を譲った場合、課税売上げになるのですか？

退職金として社用車を譲るのは、消費税の課税売上げではありません。

| 日 付 | 借方科目 | 借方金額 | 貸方科目 | 貸方金額 | 取引先 |
|---|---|---|---|---|---|
| | 消費税区分 | （内 消費税） | 消費税区分 | （内 消費税） | 摘 要 |
| 2025/3/4 | 退職金 | 2,000,000 | 車両 | 1,750,000 | 〇△次郎 |
| | 不課税 | ― | 不課税 | ― | 退職金 |
| | | | 車両譲渡益 | 250,000 | |
| | | | 不課税 | | |

　退職金の額は、譲った社用車の時価とします。社用車の簿価と時価との差額は、譲渡益（または譲渡損）として計上します。

### 時価とは？

　時価は、仮に譲った時に自動車買取業者に売ったらいくらになるか、などを参考に決めます。

### 代物弁済ではない？

　代物弁済とは、債務者（借金を返さなければならない人）が債権者（貸したお金を返してもらう権利のある人）の承諾を得て、約束していた返済方法に代えて、ほかの方法で支払うことをいいます（→Q2-9）。

　この問いによれば、貴社には退職金に関する規程がありませんでしたので、そもそも退職金をお金で払う決まりや約束はなかったものと考えられます。

　このため、お金で支払うべきものを社用車の譲渡に代えてもらったものではありませんので、代物弁済にはあたらないとして問題ないでしょう。

## Q 3-12 退職勧奨の解決金

勤務態度に問題のある社員に何度も注意をしてきましたが、改善が見られないため、退職を勧めることとしました。
話し合いをスムーズに進めるために、1か月分の給与相当額を解決金として支払う提示をしましたが、この解決金は消費税の課税仕入れですか？

退職勧奨の解決金は、消費税の課税仕入れではありません。

### 解決金の科目は？

解決金は、退職金として処理することになります。

退職金として「退職所得の受給に関する申告書」の提出を受けて支給すれば、ほぼ源泉所得税の控除なしで、全額を支給することが可能になります。提出を受けられないときは、20.42％の源泉所得税を控除して支給します。

### 労使関係のトラブルは誰に相談する？

労使関係のトラブルは、社会保険労務士さんに相談しましょう。

社会保険労務士さんは人材に関する専門家で、
- 労働保険・社会保険に関する諸手続きの代理
- 良好な労使関係を維持するためのアドバイス

など、企業における採用から退職までのさまざまな問題についてサポートしてもらえます。

## Q 3-13 オフィス向け宅配弁当代の一部を負担したとき

オフィスの近隣にランチ営業をしている飲食店がないので、宅配弁当業者と契約して、日替わり弁当を届けてもらっています。宅配弁当業者への弁当代の支払いは当社が行い、1食648円（税込み）のうち432円（税込み）を従業員の給与から天引きしています。
この場合、消費税はどのように扱われるのでしょうか？

 宅配弁当業者への弁当代の支払いと、従業員からの弁当代の徴収を分けて考えましょう。

貴社から宅配弁当業者への弁当代の支払いは課税仕入れです。ただし、この問いのように従業員から代金の一部を徴収しているときは、天引きの金額を預り金とし、貴社が負担した部分のみを福利厚生費として課税仕入れとするのが良いでしょう。

宅配弁当は飲食料品の譲渡なので、消費税率は軽減税率8％です。

**宅配弁当業者からのインボイス**

請求書　　○○弁当　有限会社
T 1234567890123
○△工業株式会社御中
2月分

| 日付 | 品目 | 税込金額 |
|---|---|---|
| 2/1 | 日替わり弁当＊ | 3,888円 |
| 2/4 | 日替わり弁当＊ | 1,944円 |
| 2/5 | 日替わり弁当＊ | 1,944円 |
| … | | |

| 税込合計 | 29,160円 | 内消費税 | 2,160円 |
|---|---|---|---|
| 10％対象 | －円 | 内消費税 | －円 |
| 8％対象 | 29,160円 | 内消費税 | 2,160円 |

＊軽減税率対象品目

| 日付 | 借方科目 | 借方金額 | 貸方科目 | 貸方金額 | 取引先 |
|---|---|---|---|---|---|
| | 消費税区分 | （内 消費税） | 消費税区分 | （内 消費税） | 摘要 |
| 2025/3/4 | 福利厚生費 | 9,720 | 普通預金 | 29,160 | 味〇弁当 |
| | 課税仕入れ軽8% | 720 | 不課税 | — | 弁当代　2月分 |
| | 預り金 | 19,440 | | | |
| | 不課税 | — | | | 従業員負担分 |

　宅配弁当業者から交付されるインボイスの税込金額や消費税と、福利厚生費として処理した金額や消費税が違っていても問題ありません。

## 会社負担分は現物給与？

　この例では、会社は1食当たり216円を負担しています。会社が負担した弁当代は、福利厚生費ではなく現物給与にあたるかもしれません（→ **Q3-3**）。現物給与にあたると、源泉所得税を徴収しなければなりません。

　現物給与かどうかは、次のような判定があります。両方を満たしていれば、現物給与とはされず、源泉所得税はかかりません。

① 役員や従業員が弁当代の半分以上を負担していること
② 会社負担額が1か月当たり税抜き3,500円以下であること

（例）お弁当を1か月に15回食べた場合

①の判定：$648円 \times \dfrac{1}{2} = 324円 \leqq$ 負担額432円 ⇒ OK

②の判定：会社負担額（648円 − 432円）× 15回 = 3,240円

　　　　　$3,240円 - 3,240円 \times \dfrac{8}{108}$※ $= 3,000円 \leqq 3,500円$ ⇒ OK

　※　弁当の購入と支給なので、消費税率は8%です。ケータリングや食堂での提供の場合は$\dfrac{10}{110}$を使います。

結論：この金額であれば、現物給与とはならず、源泉所得税はかかりません。

# Q 3-14 忘年会でのビンゴ大会の景品と消費税率

会社の忘年会では、恒例でビンゴ大会をしています。今年はゲーム機や電化製品、高級食材など10種類が入った10万円の景品セットを購入しました。飲食料品と飲食料品以外の両方が入っているセットで、社員には1点ずつ渡します。

購入先から交付されたインボイスを見たら、消費税率10％とされていましたが、正しいのでしょうか？

食品と食品以外の資産を景品セットにまとめて一体として販売されているものですが、価格が1万円を超えていますので、消費税率は10％となるものと考えられます。

### 食品と食品以外の資産がセットになったもの

食品と食品以外の資産がセットで販売されるものには、次のようなものがあります。

① おまけ付きのお菓子
② 食品と食品以外が含まれる福袋
③ ティーカップと紅茶をセットで販売するもの
④ ハンバーガーとドリンクとおもちゃのセット（ハンバーガーとドリンクは選択可で、おもちゃは非売品）
⑤ ビールと惣菜をセットで購入した人に対する値引き販売（ビールのみ、総菜のみで値段がつけられており、別々で買うことも可能）

このうち、食品と食品以外の資産があらかじめ1つの資産を形成、または構成しているものであって、その1つの資産の価格のみが表示されているものを「一体資産」といいます。

①～⑤のうち、①②③は一体資産です。④のようにハンバーガーとドリンクが選択可能であったり、⑤のように別々で買うことが可能なものは、一体資産ではありません。

④は、おもちゃが非売品で0円なので、全体が軽減税率対象となります。⑤はビールと惣菜それぞれ単品で買ったときの価格の比率等によって合理的にあん分し、標準税率対象の金額と軽減税率対象の金額を算出します。

一体資産の消費税率はどうなるのでしょう？　一体資産のうち

> ☐ 価格が税抜1万円以下であること
> ☐ 食品部分の価格が3分の2以上であること（仕入価格の比率で判定することも可）

を満たす場合は、全体が軽減税率の対象となります。

　①②③は、金額と食品部分の占める価格の割合によって、軽減税率対象か標準税率対象か区別します。

## Q 3-15　出産祝いとしてカタログギフトを支給したとき

従業員への出産祝いとして、カタログギフトをプレゼントしました。このカタログギフトの購入は、消費税の課税仕入れでしょうか。

　カタログギフトの購入は、消費税の課税仕入れです。
　注意したいのは消費税率です。カタログには多様な商品が掲載されており、飲食料品と飲食料品以外のものが両方含まれるカタログもあります。
　カタログを贈られた社員が「有名シェフ監修のレトルトカレー」といった飲食料品を選んでも、消費税率は10%となります。
　これは、カタログギフトの販売が「カタログに掲載された商品の販売」ではなく、「カタログを見せ、選ばれた商品を手配する一連のサービス」として扱われるからです。

## Q 3-16　従業員のご家族が亡くなったときの香典

従業員のご家族が亡くなりました。お香典を渡しましたが、このお香典は、消費税ではどのように扱われるのでしょうか？

　ご家族を亡くした従業員へ現金で香典を渡すことは、消費税の課税仕入れではなく、不課税になります（→ Q1-2　<u>売上げ・課税売上げ・非課税売上げ・免税売上げ・不課税</u>）。

第 **4** 章

# 総務の業務と消費税

第4章は総務としての業務に関する消費税について解説します。
　仕事に使う消耗品などの購入、社用車や自社ビルなど固定資産の管理、近隣とのお付き合いに係る費用や災害時の対応なども見ていきましょう。

## Q 4-1 郵便局で切手を購入したとき

郵便切手の購入は課税仕入れだと思っていたのですが、領収証をよく見たら「非課税」と書いてありました。郵便局が間違えたのでしょうか？

郵便切手を郵便局で買うのは、消費税の非課税仕入れです。これは、郵便切手を買ったときは、まだ郵便サービスを受けていないからです。

次のように、郵便局でもらう領収証にも「非課税」と記載されています。

```
             領収証

          ○○株式会社      様
      ─────────────────────

      [販売]
      切手シート
          1,100円    1枚      ¥1,100
      切手シート
           850円     1枚       ¥850
      ───────────────────────
      小  計                  ¥1,950

      課税計（10％）              ¥0
      （内消費税等               ¥0）
      非課税計                ¥1,950

      合計                    ¥1,950
      お預り                  ¥1,950
      ───────────────────────
      ○■郵便局
```

この郵便切手を郵便物に貼ってポストに投函することで、郵便サービスを受けられます。このタイミングで課税仕入れとなります。しかし、「郵便切手を使った時に課税仕入れにする」という処理を実務で行うのは難しいですよね。使ったことを経理担当者に伝え忘れてしまうかもしれません。

そこで、「当社では継続して、郵便切手を購入した時に課税仕入れとする」というルールにしてもよいとされています。「継続して」というのは「いつもその処理を行う」という意味ですので、自社の都合で購入時に課税仕入れにしたり、使用時に課税仕入れにしたりと、頻繁に処理を変えてはいけません（→**Q4-6** 重要性の原則・継続性の原則）。

## Q 4-2　切手の購入とインボイス

郵便局で郵便切手を購入した時に仕入税額控除するには、インボイスの保存が必要だと思うのですが、郵便局でもらった領収証には「非課税」と記載されていますよね？

**A** 仕入税額控除にはインボイスの保存が必要ですが、郵便切手を郵便局で買ったときの領収証には非課税と書いてあり、インボイスではありません。また、切手を郵便物に貼ってポストへ投函した時にも、インボイスを取得する方法がありません。

そこで、郵便サービスはインボイスの交付を受けられませんが、特例として仕入税額控除できることになっています。特例を受けるには、帳簿に「郵便切手特例」である旨を記載することが必要です。

| 日　付 | 借方科目 | 借方金額 | 貸方科目 | 貸方金額 | 取引先 |
| --- | --- | --- | --- | --- | --- |
|  | 消費税区分 | （内 消費税） | 消費税区分 | （内 消費税） | 摘　要 |
| 2024/12/17 | 通信費 | 1,680 | 現金 | 1,680 | □□郵便局 |
|  | 課税仕入れ10% | 152 | 不課税 |  | 切手代<br>（郵便切手特例） |

## Q 4-3 商品券で事務用品を買ったとき

 1周年祝いとして取引先からいただいた商品券を使い、会社の事務用品を買いました。
商品券を使って購入しても、課税仕入れなのですか？

 商品券で事務用品を買った時も、消費税の課税仕入れです。
まず、商品券をもらった時にさかのぼって、仕訳を確認しましょう。お祝いとしてもらったので、消費税は不課税です。

**商品券をもらった時**

| 日 付 | 借方科目 | 借方金額 | 貸方科目 | 貸方金額 | 取引先 |
|---|---|---|---|---|---|
|  | 消費税区分 | （内 消費税） | 消費税区分 | （内 消費税） | 摘 要 |
| 2024/9/17 | 貯蔵品 | 10,000 | 雑収入 | 10,000 | ○○製作所 |
|  | 不課税 |  | 不課税 |  | お祝いとして商品券 |

商品券を使った時は、次のような仕訳になります。

**商品券を使った時**

| 日 付 | 借方科目 | 借方金額 | 貸方科目 | 貸方金額 | 取引先 |
|---|---|---|---|---|---|
|  | 消費税区分 | （内 消費税） | 消費税区分 | （内 消費税） | 摘 要 |
| 2024/9/17 | 事務用品 | 8,800 | 貯蔵品 | 8,800 | △△文具 |
|  | 課税仕入れ10% | 800 | 不課税 |  | ボールペンなど |

### 紹介料としてもらった商品券だったら？

お祝いではなく、紹介料としてもらった商品券の場合を考えてみましょう（→ **Q1-29**）。

紹介料をもらった時の消費税の区分の考え方は、もらったものがお金か商品券かによる違いは関係なく、**Q1-29**で説明したような「基準」に基づいたものであるかどうかによって決まります。

この基準に基づいて受け取ったのであれば、商品券をもらった時の消費税の区分は「課税売上げ10%」になります。

| 日　付 | 借方科目 | 借方金額 | 貸方科目 | 貸方金額 | 取引先 |
|---|---|---|---|---|---|
| | 消費税区分 | （内 消費税） | 消費税区分 | （内 消費税） | 摘　要 |
| 2024/9/17 | 貯蔵品 | 10,000 | 雑収入 | 10,000 | ○○製作所 |
| | 不課税 | | 課税売上げ10% | 909 | 紹介料として商品券 |

　紹介料としてもらった商品券を使って事務用品を買った時は、お祝いとしてもらった商品券を使った場合と同じ処理です。

## Q 4-4 ECサイトでポイントが付与されたとき

法人のアカウントでECサイトに会員登録し、会社の備品を購入しています。購入によってポイントが付与されていますが、このポイント付与に消費税はかかるのですか？

付与されたポイントには、消費税はかかりません。「ポイントが付いた」ことについての経理処理も必要ありません。

## Q 4-5　ECサイトのポイントを利用したとき

法人のアカウントでECサイトに会員登録し、会社の備品を購入しています。ポイントが貯まってきたので、先日、支払いにポイントを使いました。
この場合、どのような経理処理をすればよいのでしょうか？

A　経費の支払いにポイントを使用した場合は、領収証やレシートを確認して、ポイント使用が値引きか値引きでないかを区別する必要があります。次の部分に注意して区別しましょう。

（注）ポイント使用時の領収証の書き方は、法律で決まっているものではありません。以下の注意点を参考にして判断してください。

### ▶値引きの場合

```
                領収証
          令和6年7月19日
          ○森ストアECサイト店
          T4567890123456

お茶＊           5点   540     540円
ハンドソープ      2点   550     550円
❶ ポイント値引き                △38円
   合　　計                   1,052円
   ❷  8％対象                   521円
      （内消費税        38円）
      10％対象                  531円
      （内消費税        48円）
      現金支払                1,052円
＊印は軽減税率対象
```

**注意点❶**
お買い物金額の合計からポイント使用分を差し引いて合計している。

**注意点❷**
ポイント使用分を差し引いた後の合計を
● 税率ごとに区分した税込金額または税抜金額とそれぞれの適用税率
● 税率ごとに区分した消費税額
に分けて書いてある。

このような領収証やレシートの場合、ポイントは値引きに使われたと考えます。
この場合は、次のような仕訳になります。

| 日　付 | 借方科目 | 借方金額 | 貸方科目 | 貸方金額 | 取引先 |
|---|---|---|---|---|---|
|  | 消費税区分 | （内 消費税） | 消費税区分 | （内 消費税） | 摘　要 |
| 2024/7/19 | 福利厚生費 | 521 | 現金 | 1,052 | ○森ストア |
|  | 課税仕入れ軽8％ | 38 |  |  | お茶 |
|  | 消耗品 | 531 |  |  | ○森ストア |
|  | 課税仕入れ10% | 48 |  |  | ハンドソープ |

（注）　上記の勘定科目は一例です。社内の科目基準や、お茶やハンドソープの使用目的に応じた勘定科目を使いましょう。

▶ **値引きでない場合**

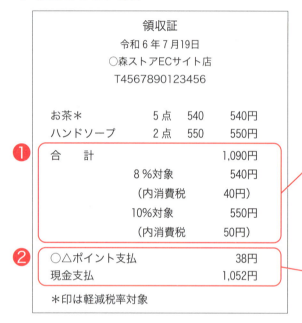

このような領収証やレシートの場合、ポイントは値引きに使われたのではなく、支払いに充てられたと考えます。

この場合は、次のような仕訳になります。

| 日　付 | 借方科目 | 借方金額 | 貸方科目 | 貸方金額 | 取引先 |
|---|---|---|---|---|---|
|  | 消費税区分 | （内 消費税） | 消費税区分 | （内 消費税） | 摘　要 |
| 2024/7/19 | 福利厚生費 | 540 | 現金 | 1,052 | ○森ストア |
|  | 課税仕入れ軽8％ | 40 | 不課税 |  | お茶 |
|  | 消耗品 | 550 | 雑収入 | 38 | ○森ストア |
|  | 課税仕入れ10% | 50 | 不課税 |  | ハンドソープ |

### 値引き後の金額をどうやってお茶とハンドソープに分ける？

　上記のレシート（値引きの場合）では、38ポイントを差し引いた後の1,052円が、8％対象と10％対象に区分されています。

　売手である○森ストアは、必ずこのような区分をしなければならないのでしょうか。また、区分の仕方にルールはあるのでしょうか。

　まず1つ目の質問ですが、○森ストアは、38ポイントを差し引いた後の1,052円を税率ごとに区分する必要があります。○森ストアがインボイス発行事業者である場合、インボイスには

- 税率ごとに区分した税込金額または税抜金額とそれぞれの適用税率
- 税率ごとに区分した消費税額

を書かなければなりませんので（→ **Q1-5　インボイスとは**）、値引き後の税率ごとに区分した税込金額または税抜金額を明らかにしなければなりません。

　もし○森ストアがインボイス発行事業者でなかった場合でも、領収証には

- 税率ごとに合計した税込金額

を書かなければなりませんので、やはり値引き後の税率ごとに区分した税込金額を明らかにする必要があります。

　では2つ目の質問。区分の仕方のルールですが、この38ポイントを飲食料品であるお茶と飲食料品以外であるハンドソープに、その金額によってあん分します。

　計算方法は次のとおりです。

| 値引額 | ・お茶 | $38円 \times \dfrac{540円}{540円 + 550円} = 18.82\cdots円 \rightarrow 19円$ |
|---|---|---|
| | ・ハンドソープ | $38円 \times \dfrac{550円}{540円 + 550円} = 19.17\cdots円 \rightarrow 19円$ |
| 値引後の金額 | ・お茶 | 540円 − 19円 = 521円 |
| | ・ハンドソープ | 550円 − 19円 = 531円 |

　なお、「このような計算は手間がかかるので、お客様が飲食料品と飲食料品以外を一緒に購入してポイント値引きを受ける場合は、飲食料品以外から値引きし、領収証に表示する」というルールを作って適用することも認められています。

　この場合は、
- お茶：540円
- ハンドソープ：550円 − 38円 = 512円

になります。

## Q 4-6　1年分の保守料を前払いしたとき

工場の機械の保守料を1年分前払いしました。1年分の全額を保守料として経理処理してもよいと聞いたのですが、消費税はどうなるのでしょうか？

1年分の全額を支払った時に保守料として経理処理したときは、消費税も支払った時の課税仕入れとします。

| 日　付 | 借方科目 | 借方金額 | 貸方科目 | 貸方金額 | 取引先 |
| --- | --- | --- | --- | --- | --- |
| | 消費税区分 | (内 消費税) | 消費税区分 | (内 消費税) | 摘　要 |
| 2025/3/24 | 保守料 | 105,600 | 普通預金 | 105,600 | △△メンテナンス |
| | 課税仕入れ10% | 9,600 | | | 機械保守料1年分 |

決算間近に支払いをした場合、決算日までにインボイスの交付を受けられないかもしれません。このような場合でも、取引先がインボイス発行事業者で、後からインボイスの交付を受けられれば、支払った課税期間に仕入税額控除を受けることができます。

### 重要性の原則・継続性の原則

企業は貸借対照表や損益計算書を通じて企業の財務内容を明らかにし、利害関係者の判断を誤らせないようにしなければなりません。そのために費用収益対応の原則（→ **Q2-3**）などのルールがあります。1年分の保守料も、厳密には当期分と翌期分に分けて把握しなければなりません。しかし、1年分やもっと短い期間のものも洗い出していたら、手間がかかりすぎて、他の重要なことを見落としてしまいそうです。

そこで、会計には「重要性の原則」というルールがあります。重要性の原則とは、「重要性の乏しいものについては、本来の厳密な処理によらないで他の簡便な方法によることも認められる」というものです。「重要性の原則」に従えば、1年分をまとめて支払った保守点検料は、当期分と翌期分を分けずに、全額を当期分としてもよい、ということになります。

また、別のルールとして「継続性の原則」というものがあります。1年分の保守料について、「当期分と翌期分を分ける」処理と「全額を当期分とする」処理の2通りの方法がありますが、いったん「全額を当期分とする」と決めたら、正当な理由により変更を行う場合を除き、継続して適用しなければなりません。これが「継続性の原則」です。

## Q 4-7 複合機のリース契約をしたとき

新しい複合機のリース契約をしました。
消費税の注意点を教えてください。

**A** リース契約の消費税については、リース会社との契約内容によって取扱いが変わります。一般的にリース契約というと、所有権移転外ファイナンス・リース取引やオペレーティングリース取引であることが多いので、まずこちらから見ていきましょう。

次のすべてに当てはまるような契約を所有権移転外ファイナンス・リース取引といいます。

① リース期間の中途での解約がほぼ不可（ノンキャンセラブル）
② リース対象の資産を買い取った場合の本体代や保守料とほぼ同じくらいの金額をリース料として負担する（フルペイアウト）
→①と②を満たしたものをファイナンス・リース取引といいます。
③ ファイナンス・リースのうち、リース契約終了後に借り手が対象の資産をもらい受けることができないもの（所有権移転外）

オペレーティングリース取引とは、上記の①や②に当てはまらないものをいいます。イメージとしては、レンタルに近いです。

所有権移転外ファイナンス・リース取引（中小企業※のみ）やオペレーティングリース取引はリース料を支払う都度、課税仕入れとして処理していきます。この会計処理を「賃貸借取引」といいます。

会計ソフトの入力例は次のとおりです。

| 日　付 | 借方科目 | 借方金額 | 貸方科目 | 貸方金額 | 取引先 |
| --- | --- | --- | --- | --- | --- |
| | 消費税区分 | （内 消費税） | 消費税区分 | （内 消費税） | 摘　要 |
| 2024/9/25 | リース料 | 13,200 | 普通預金 | 13,200 | △△リース |
| | 課税仕入れ10% | 1,200 | 不課税 | | 複合機リース料 |

リース契約については、次の2点に注意しましょう。

▶ **消費税率**

　所有権移転外ファイナンス・リース取引の場合はリース契約時の消費税率がリース期間終了時まで適用されます。オペレーティングリース取引の場合は、物品の使用時やリース料の支払い時に応じた消費税率となります。

▶ **インボイス**

　原則として、仕入税額控除のためには、リース会社から交付されたインボイスの保存が必要です。ただし、インボイス制度が始まる前から継続している所有権移転外ファイナンス・リース取引については、インボイスの保存なしで仕入税額控除できます。

※　中小企業とは、次の①②のいずれにも当てはまらない会社をいいます。
① 金融商品取引法の適用を受ける会社ならびにその子会社および関連会社
　→「金融商品取引法の適用を受ける会社」とは、上場企業などをいいます。
② 会計監査人を設置する会社およびその子会社
　→「会計監査人を設置する会社」とは、資本金の額が5億円以上の株式会社または負債の合計額が200億円以上の株式会社です。会計監査人を選任して、法務局において登記をします。

## 中小企業の要件に当てはまらない大企業は？

　中小企業の要件に当てはまらない大企業は、所有権移転外ファイナンス・リース取引についても原則として下記の売買取引を用います。オペレーティングリース取引は中小企業と同様に賃貸借処理をします。

## 所有権移転外ファイナンス・リース取引やオペレーティングリース取引以外は？

　所有権移転外ファイナンス・リース取引とオペレーティングリース取引のほかにもう一つ、所有権移転ファイナンス・リース取引があります。

　所有権移転ファイナンス・リース取引では、リース契約終了後に借り手が対象の資産をほぼ無償でもらい受けることができますので、賃貸借ではなく、リース開始時にリース対象の資産を買い取ったものとして処理します。この方法を「売買取引」といいます。

　消費税もそのリース資産が引き渡された時に課税仕入れがあったものとして処理します。

【例】

リース期間が5年間(60か月)で、1回のリース料が110,000円の機械装置の場合、110,000円×60回＝6,600,000円がリース資産になります。

| 日　付 | 借方 | 借方金額 | 貸方 | 貸方金額 | 取引先 |
|---|---|---|---|---|---|
| | 消費税区分 | (内 消費税) | 消費税区分 | (内 消費税) | 摘　要 |
| 2024/9/10 | リース資産 | 6,600,000 | リース債務 | 6,600,000 | △山リース |
| | 課税仕入れ10% | 600,000 | 不課税 | | 機械装置 |

(注) そのリース資産が企業の保有する固定資産と比較して大きな割合を占める場合は、リース料に含まれる利息なども考慮して経理処理します。

## Q 4-8 海外事業者が提供する有料アプリの利用料

オンライン会議用アプリの請求書が英語で書かれていました。住所も海外にあり、日本国内に本店はなさそうです。
この請求には、日本の消費税はかかるのでしょうか？

海外の事業者が提供するアプリにも、日本の消費税がかかっている可能性があります。

見分けるときの注意点は、国内取引と同様に、インボイスの記載事項を満たしているかどうかです。

---

# Invoice

xx Blvd. San Jose, CA 95113 U.S.A.
ABC Inc.
Qualified Invoice Issuer Registration Number:
❶ T5678901234567

> Invoiceと書いてあっても
> 適格請求書の意味ではないので注意

Invoice Date: Oct 4, 2024
Invoice #: INV12345
Currency: JPY
・・・・ ・・・
・・・・ ・・・ ❻
Bill to: ○山Service Inc.

| Charge Description | Subscription Period | Subtotal |
|---|---|---|
| ❸ Charge Name:<br>XXX One Pro Annual | ❷ Oct 15, 2024 - Oct 14, 2025 | JPY 22,000 |
| | Subtotal (Standard tax rate 10%) ❹ | JPY 22,000 |
| | Total JCT Amount at 10% ❺ | JPY 2,200 |
| | Total | JPY 24,200 |

> インボイスの記載事項
> ❶ インボイス発行事業者の氏名または名称および登録番号（海外の事業者であっても、日本のインボイス発行事業者として登録をしていれば、国内の企業と同様の登録番号があります。）
> ❷ サービス提供の年月日（この例では1年間の前払いとなっています。）
> ❸ サービスの内容
> ❹ 税率ごとに区分したサービスの税抜金額または税込金額と適用税率
> ❺ 税率ごとに区分した消費税額
> ❻ 請求書の宛名

　請求書に日本のインボイス発行事業者の登録番号が記載されていなかった場合は、日本の消費税が書かれていたとしても、仕入税額控除を受けることはできません。海外の事業者が日本の消費者向けに提供するインターネットを介したサービスについては、令和11年9月30日までの80％控除・50％控除（→ Q2-12）の経過措置も受けられません。

### 海外からの請求書にある「Invoice」や「JCT」とは

　海外の会社から送られてきた請求書には、大きく「Invoice」と書かれていますが、これは単なる「請求書」という意味であって、日本の消費税法で定められた「適格請求書」を意味するものではありません。

　「JCT」とは「Japanese consumption tax」の頭文字を並べたもので、日本の消費税を意味します。

## Q 4-9 社用車の車検費用

社用車の車検を受けました。修理代や部品代がほとんどなので、全額を課税仕入れとしてよいですか？

車検には、自動車の点検や整備の費用のほか、自賠責保険料や重量税などの法定費用もかかります。この法定費用には消費税がかかりませんので、請求書や領収証を確認して、消費税のかかる費用、かからない費用に分けなければなりません。

### 納品請求書

令和6年7月19日
△△自動車整備
T5678901234567

消費税がかかる費用

| 作業内容および使用部品名称 | 作業区分 | 技術料 | 部品 | |
|---|---|---|---|---|
| | | | 数量 | 金額 |
| ‥‥‥‥ | ‥‥ | 5,000 | | |

| | | | | |
|---|---|---|---|---|
| 技術料計 | | 22,000 | 部品代計 | 27,500 |

| 諸費用（課税対象） | | 諸費用（課税対象外） | | 10%対象合計 | 59,400 |
|---|---|---|---|---|---|
| 代行手数料 | 9,900 | 自賠責保険 | 17,000 | 内消費税（10%） | (5,400) |
| | | 重量税 | 15,000 | 課税対象外 諸費用合計 | 33,600 |
| | | 印紙代 | 1,600 | | |
| 合計 | 9,900 | 合計 | 33,600 | 合計 | 93,000 |

消費税がかからない費用

| 日付 | 借方科目 | 借方金額 | 貸方科目 | 貸方金額 | 取引先 |
|---|---|---|---|---|---|
| | 消費税区分 | （内 消費税） | 消費税区分 | （内 消費税） | 摘要 |
| 2024/7/19 | 車両関連費 | 59,400 | 現金 | 93,000 | △△自動車整備 |
| | 課税仕入れ10% | 5,400 | 不課税 | | 車検整備代等 |
| | 車両関連費 | 33,600 | | | △△自動車整備 |
| | 不課税／非課税 | — | | | 重量税、自賠責等 |

租税公課や支払保険料、修繕費などの勘定科目を使うことも考えられます。社内の科目基準に従いましょう。

## Q 4-10 社屋ビルの雨漏り修理をしたとき

社屋ビルで雨漏りしていたので、業者に依頼して修理しました。この修理代にかかる消費税は、どのように取り扱えばよいですか？

社屋ビルの雨漏り修理は、修理が完了した時の課税仕入れになります。

| 日付 | 借方 | 借方金額 | 貸方 | 貸方金額 | 取引先 |
| | 消費税区分 | （内 消費税） | 消費税区分 | （内 消費税） | 摘要 |
|---|---|---|---|---|---|
| 2025/2/25 | 修繕費 | 275,000 | 未払金 | 275,000 | 川〇建築 |
| | 課税仕入れ10% | 25,000 | 不課税 | | 雨漏り修理 |

## Q 4-11 社屋ビルに避難階段を取り付けたとき

社屋ビルに避難階段がなかったので、業者に依頼して取り付けました。この取付け代にかかる消費税は、どのように取り扱えばよいですか？

社屋ビルへの避難階段の取付けは、取付け工事が完了した時の課税仕入れになります。

| 日付 | 借方 | 借方金額 | 貸方 | 貸方金額 | 取引先 |
| | 消費税区分 | （内 消費税） | 消費税区分 | （内 消費税） | 摘要 |
|---|---|---|---|---|---|
| 2025/3/22 | 建物 | 4,950,000 | 未払金 | 4,950,000 | 川〇建築 |
| | 課税仕入れ10% | 450,000 | 不課税 | | 非常階段 |

Q 4-10のような雨漏り修理とは異なり、避難階段を社屋ビルに取り付けると、社屋の価値が高くなるものとして扱われます。そこで、社屋ビルへの避難階段の取付けは、取り付けたときの一時の費用ではなく、建物の一部として減価償却していくことになります。減価償却費には消費税はかかりません。

| 日付 | 借方 | 借方金額 | 貸方 | 貸方金額 | 取引先 |
| | 消費税区分 | （内 消費税） | 消費税区分 | （内 消費税） | 摘要 |
|---|---|---|---|---|---|
| 2025/3/31 | 減価償却費 | 9,400 | 建物 | 9,400 | |
| | 不課税 | — | 不課税 | | 非常階段減価償却 |

## Q 4-12 自社ビルと土地を売却したとき

自社ビルを持っていますが、手狭になってきたので、建物と土地を両方売って、もっと広いところに引っ越そうと思います。
土地と建物の売却にあたって、消費税での注意点はありますか？

**A** 自社ビルと土地の売却について消費税で注意しなければならないことは、建物は消費税の課税売上げである一方、土地は非課税なので、それぞれの売却金額を区別しなければならないという点です。

また、非課税売上高が多いと、仕入税額控除に制限がかかることにも気をつけましょう。
手順を1つずつ見ていきましょう。

### ▶建物と土地の売却金額

自社ビルと土地の売却は、一括して売った場合でも、建物と土地に分けて考えます。金額の内訳は、不動産の売買契約書で確認しましょう。

**契約書の例**

| 売買代金総額 | | 80,800,000円 |
|---|---|---|
| 土地代金（消費税非課税） | | 50,000,000円 |
| 建物代金（消費税率10%対象） | | 30,800,000円 |
| （うち消費税） | | 2,800,000円 |
| 手付金 | 契約締結時支払い | ・・・・円 |
| 中間金 | 第1回2025年6月30日までに | ・・・・円 |
| | 第2回2025年7月15日までに | ・・・・円 |
| 残代金 | 2025年7月31日までに | ・・・・円 |

会社の損益計算書には、土地や自社ビルの帳簿価額と売却金額の差額だけが売却益、売却損として記載されますが、消費税の課税売上高、非課税売上高は、契約書に記載されている金額です。

具体的に見てみましょう。

上記の契約書では、土地を5,000万円で売る契約をしています。この土地の帳簿価額が4,800万円であった場合、200万円の売却益です。損益計算書には土地売却益200万円と記載されますが、消費税での土地の非課税売上高は5,000万円です。

建物も同様です。建物の帳簿価額が3,260万円であった場合、契約書のように税込3,080万円で売却したら180万円の売却損です。損益計算書には建物売却損として180万円と表示されますが、消費税での建物の課税売上高は税込み3,080万円です。

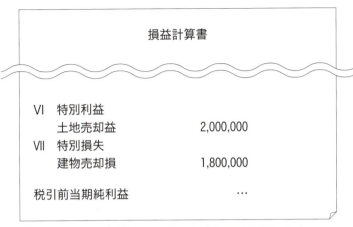

(注) 消費税の会計処理は税込方式を採用しています。

### ▶非課税売上高が多いとき

土地の売却は消費税の非課税売上げですので、税務署に納めなければならない消費税はなく、消費税の計算にはまったく関係ないように感じるかもしれません。

しかし、一般課税で消費税の納付税額を計算する場合（→**Q2-2　仕入税額控除とは**）、「課税売上げに直接結びつく課税仕入れのみ仕入税額控除し、非課税売上げに直接結びつく課税仕入れは仕入税額控除しない」というルールがあります。

そのため、売上高全体のうち、課税売上高の割合が一定以上小さくなり、非課税売上高の割合が大きくなると、仕入税額控除が制限されます。

この売上高全体のうちの課税売上高の占める割合を「課税売上割合」といいます。

$$課税売上割合 = \frac{課税売上高 + 輸出免税売上高}{課税売上高 + 非課税売上高 + 輸出免税売上高}$$

課税売上割合が95％未満の場合は、課税仕入れにかかる消費税の一部が控除できなくなります。つまり、仕入税額控除が制限されます。課税売上高が5億円超の場合も同様に制限されます。

### たまたま土地の譲渡があった場合

土地の売却があった以外に事業の内容は何も変わらないときは、課税売上高と非課税売上高の割合が事業の実態と離れてしまうため、「課税売上割合に準ずる割合」を使えるなど救済措置もあります。

不動産の売却を検討しているときは、事前に税理士等に相談しましょう。

## Q 4-13 土地・建物の売却と固定資産税等

自社ビルと土地の売却にあたり、「固定資産税等の未経過分の精算」という名目で、売却代金とは別にお金をもらいました。この代金は何のことでしょうか？

**A** 固定資産税等は、毎年1月1日時点の不動産の所有者に対して、1年分が課されます。年の中途で不動産が売買されても、固定資産税等の負担者が新たな所有者に切り替わることはありません。

そこで、元の所有者が1年分の固定資産税等の全額を支払う代わりに、新しい所有者が売買後の期間分の固定資産税等を元の所有者に支払うという精算が行われます。

この精算は税金の立替えではなく「不動産の売買金額の一部」として扱われますので、建物分は課税売上げ、土地分は非課税売上げの上乗せになります。

### 固定資産税の後ろについている「等」とは

固定資産税等と呼ばれる場合の「等」には、「都市計画税」という税金が含まれています。

都市計画税とは、都市計画事業や土地区画整理事業に必要な費用に充てるために、都市計画区域内にある土地や家屋に対して課される税金です。都市計画税を課すか課さないか、その税率はどの程度にするかは、地域における都市計画事業等の実態に応じて、市町村の自主的な判断にゆだねられています。

実務では、都市計画税は固定資産税と同じタイミングで課されることから、固定資産税と都市計画税をあわせて固定資産税「等」と呼び、合計して上記のような方法で精算されています。

## Q 4-14 創業10周年記念パーティーの参加費

取引先などの関係者を招いて、創業10周年パーティーをホテルの宴会場で開きました。このパーティーは5,000円の会費制としましたが、取引先などから受け取った会費は、どのように処理すればよいでしょうか？

**A** 会費制でパーティーを行った場合、会費は「お祝いのお金」ではなく「参加費」として扱われます。お祝いのお金ならばパーティーの主催者である貴社の収入としなければなりませんが、「参加費」ですから、会場代や食事代の立替えとして処理することが可能です。

立替えとして処理するときは、取引先に対しては、貴社の領収証ではなく、立替金精算書を交付しましょう。会費として徴収した金額は預り金もしくは立替金とし、パーティーにかかった費用の総額から預り金を差し引いた金額を交際費として計上します。

▶ **立替金精算書の交付**

次のような立替金精算書を交付します。立替払いを行った貴社と参加者の間で、支払先の名称と登録番号（○丘ホテル　T4567890123456）を確認できるようにしておく必要があります。

---

立替金精算書

株式会社△△ネット様　　　　　　　　　　　　　　　令和6年8月24日

　　　　　　　　　　　　　　　（○丘ホテル　　　お食事代）
　　　　　　　　　　　　　　　T4567890123456

　　　　　5,000円（10%）
　　　　　うち消費税額454円

　　　　　株式会社○山システム10周年記念パーティー会費

（注）本立替金精算書の保存をもって仕入税額控除の適用を受けることが可能です。

パーティーの主催者は、原則としてこの立替金精算書には、○丘ホテルから交付されたインボイスのコピーを添付することとされていますが、参加者が多い場合は、コピーの添付は省略可能です。

　パーティーに参加した取引先は、会場となったホテルから交付されるインボイスの代わりに、この立替金精算書を保存することにより、会費について仕入税額控除を受けることができます。

### ▶ 経理処理

　取引先から徴収した会費は、預り金として処理します。預り金ではなく、立替金という勘定を使っても特に問題はありません。

| 日　付 | 借方科目 | 借方金額 | 貸方科目 | 貸方金額 | 取引先 |
|---|---|---|---|---|---|
| | 消費税区分 | （内 消費税） | 消費税区分 | （内 消費税） | 摘　要 |
| 2024/8/24 | 現金 | 5,000 | 預り金 | 5,000 | (株) △△ネット |
| | 不課税 | | 不課税 | | 参加費 |

　10周年パーティーにかかった費用から、会費として徴収した金額を差し引いた金額が交際費です。パーティー費用の総額が1,320,000円で、会費として500,000円徴収した場合は、次のようになります。

| 日　付 | 借方科目 | 借方金額 | 貸方科目 | 貸方金額 | 取引先 |
|---|---|---|---|---|---|
| | 消費税区分 | （内 消費税） | 消費税区分 | （内 消費税） | 摘　要 |
| 2024/8/24 | 交際費 | 820,000 | 現金 | 1,320,000 | ○丘ホテル |
| | 課税仕入れ10% | 74,545 | 不課税 | | 10周年記念パーティー |
| | 預り金 | 500,000 | | | |
| | 不課税 | | | | |

## Q 4-15 地元の学園祭へ広告を出したとき

先日、地元の高校生がやって来て、「学園祭のパンフレットへ広告を出してもらえませんか？」とお願いされたので、広告を出すことにしました。
この広告代は、消費税の課税仕入れですか？

A　学園祭のパンフレットに広告を出すのは、広告宣伝だけでなく寄付の要素もありますので、不課税と悩むところですが、実際にパンフレットに広告が掲載されていれば、消費税は課税仕入れになります。

この課税仕入れについて仕入税額控除を受けるには、ほかの課税仕入れと同様に、インボイスの保存が必要です。このため、学校側から領収証をもらったら、記載事項を確認して経理処理しましょう。

なお、学校の場合はインボイス発行事業者でないことも多いので、受け取った領収証がインボイスでなかった場合について確認しておきましょう。

| 日　付 | 借方科目 | 借方金額 | 貸方科目 | 貸方金額 | 取引先 |
|---|---|---|---|---|---|
|  | 消費税区分 | （内 消費税） | 消費税区分 | （内 消費税） | 摘　要 |
| 2024/9/17 | 広告料 | 5,000 | 現金 | 5,000 | ○○市立△山高校 |
|  | 課税仕入れ10%<br>（80％控除） | 363 | 不課税 |  | 広告料 |

経過措置（→ Q 2-12）の適用がありますので、次の金額を「内 消費税」とします。一般的な会計ソフトには、自動計算の機能が付いています。

$$5,000円 \times \frac{10}{110} \times 80\% = 363.63\cdots円 \rightarrow 363円$$

帳簿には、「経過措置の適用を受ける課税仕入れである旨」を記載する必要があります。上記の例では消費税の区分で示しています（「80％控除」と記載）。

## Q 4-16 従業員一同で受けた祈祷料

社員全員で初詣に行って祈祷を受けてきました。
この祈祷料は、消費税の課税仕入れですか？

祈祷料は、消費税の課税仕入れではありません。
神社で買ったお守りやお札も同様に、消費税の課税仕入れではありません。

## Q 4-17 海外出張の航空券と旅客サービス施設利用料

海外出張へ行くために、旅行会社で航空券を購入しました。領収証を確認したところ、一部の費用が課税仕入れとなっていました。
海外へ行く航空券代には、消費税がかからないのではないのですか？

海外へ行く運賃には、消費税はかからないのですが、「旅客サービス施設使用料」と「旅客保安サービス料」は、日本の空港におけるサービスの対価であるため、消費税がかかります。
　各空港のホームページによれば、それぞれのサービス内容は次のとおりです。
- 旅客サービス施設使用料……ロビー、フライト情報システムなどのさまざまな旅客サービス施設の維持管理、手荷物カートやお客案内などのサービス提供の料金
- 旅客保安サービス料……手荷物検査、ハイジャック検査やターミナルビルの保安維持などのサービス提供の料金

　利用した航空会社がインボイス発行事業者でないためインボイスの交付を受けられないときは、搭乗した年月日が記載されている搭乗券等と、各空港のホームページでダウンロードした「旅客サービス施設使用料（PSFC）及び旅客保安サービス料（PSSC）に係る適格簡易請求書について」という書類を保存することで、仕入税額控除を受けることができます。

## Q 4-18 海外で払う現地の消費税

ニューヨークへ出張に行ったときに、レストランで取引先を接待したら、8.875%の税金がかかりました。
日本の消費税と同じような税金らしいですが、日本国内で接待をしたのと同様に、仕入税額控除できますか？

日本の消費税と同じような税金は世界各国にありますが、外国で支払った消費税は日本の課税仕入れではないので、仕入税額控除できません。

## Q 4-19 源泉所得税と消費税の計算ルール

顧問弁護士の先生からの請求書には、源泉所得税の控除と消費税の加算の記載があります。
源泉所得税と消費税の間には、何か計算のルールがあるのですか？

弁護士や税理士、司法書士などに報酬を支払う場合は、所得税および復興特別所得税を源泉徴収することになっています。報酬が100万円までの場合、税率は10.21％です。源泉徴収される所得税は原則として、消費税込みの報酬が対象となります。

ただし、請求書に顧問料等の金額と消費税が明確に区分されている場合には、消費税を除いた顧問料等のみを源泉徴収の対象としてもよいとされています。

**原則**

| | |
|---|---|
| 10％対象合計（税込み） | 55,000 |
| 源泉所得税 | △ 5,615 | ←税込み55,000円×10.21％
| 差　引 | 49,385 |

**税抜きの顧問料を源泉所得税の対象とする場合**

| | |
|---|---|
| 10％対象合計（税抜き） | 50,000 |
| 消費税 | 5,000 |
| 源泉所得税 | △ 5,105 | ←税抜き50,000円×10.21％
| 差　引 | 49,895 |

## Q 4-20 免税事業者への源泉徴収と消費税

顧問弁護士の先生は、インボイス発行事業者ではないそうです。
この場合、源泉所得税は必ず消費税込みの金額を対象としなければなりませんか？

顧問弁護士の先生がインボイス発行事業者でなくても、**Q 4-19**と同様に、顧問料等の金額と消費税が明確に区分されている場合には、消費税の額を除いた顧問料等のみを源泉所得税の対象とすることができます。

○
| 10％対象合計（税抜き） | 50,000 |
|---|---|
| 消費税 | 5,000 |
| 源泉所得税 | △5,105 |
| 差　引 | 49,895 |

令和11年9月30日までは消費税相当額の一部を控除できる経過措置（→ **Q 2-12**）があります。例えば、令和8年9月30日までは免税事業者への支払いのうち消費税相当額の80％を控除できますので、経理上は「税込み55,000円 × $\frac{10}{110}$ × 80％ ＝ 4,000円が消費税、税抜金額は税込み55,000円 − 消費税4,000円 ＝ 51,000円」となります。

「源泉所得税もこの経理上の税抜金額51,000円を基に51,000円 × 10.21％と計算するべきでは？」と考えてしまうかもしれませんが、これは誤りです。

×
| 10％対象合計（税抜き） | 51,000 |
|---|---|
| 消費税 | 4,000 |
| 源泉所得税 | △5,207 |
| 差　引 | 49,793 |

免税事業者であっても10％対象合計（税抜き）50,000円を基に計算することになっています。

## Q 4-21 地震で生産設備が使えなくなったとき

大規模な地震によって工場が倒壊し、生産設備を失いました。復旧のため、新たな設備投資を緊急で検討しています。高額な設備なので、当課税期間の課税売上高以上の投資額になりそうですが、当社は現在、簡易課税を選択しているので、消費税の還付を受けることはできないのでしょうか？
なお、この地震は特定非常災害に指定されました。

　　　　税金に関する法律は、課税の公平のため、厳密に期限が定められているものが多くあります。しかし、災害等のときには柔軟な対応ができるように、期限を緩和するルールも備えられています。

その1つが、「災害時に簡易課税と一般課税を切り替えることができる」というものです。

この問いのように設備投資が高額になる場合、一般課税であれば、申告によって消費税の還付を受けられるかもしれません。

そこで、国が「特定非常災害」に指定した災害では、次の図のように指定日※までに「消費税簡易課税制度選択不適用届出書」を提出することで、災害のあった課税期間から一般課税へ切り替えることができます。

※　指定日は、国税庁の告示により別途、定められます。

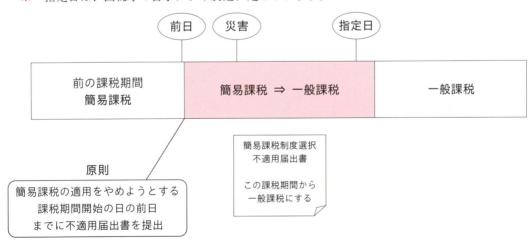

### 特定非常災害とは

「特定非常災害」とは、特定非常災害の被害者の権利利益の保全等を図るための特別措置に関する法律第2条第1項の規定により、著しく異常かつ激甚な非常災害（特定非常災害）として指定された災害をいいます。

令和6年能登半島地震も特定非常災害に指定されています。

### 災害時は簡易課税の2年継続適用の縛りなし

簡易課税を選択したときは、原則として2年間、継続して簡易課税で納付税額を計算しなければなりません（→**Q2-2**）。ただし、災害時はこの縛りが解除され、1年しか簡易課税の適用を受けていなくても、一般課税に切り替えることができます。

# Q 4-22 火災で帳簿書類が焼失したとき

火災によってインボイスや領収証など、仕入税額控除のために保存しなければならない書類を焼失してしまいました。会計ソフトの入力も不完全です。
このような場合、どうすればよいでしょうか？

A インボイスや領収証を焼失してしまっても、簡易課税であれば仕入税額控除の額を計算することができます。消費税簡易課税制度選択届出書は適用を受けようとする課税期間開始の日の前日までに提出するルールですが、特定非常災害（→Q4-21）の指定を受けるほど大きな災害ではなくても、火災のような災害のときは、一般課税と簡易課税を切り替えられる特別なルールがあります。

災害その他やむを得ない理由がやんだ日から2か月以内に、次の申請書と届出書を提出します。

□ 災害等による消費税簡易課税制度選択届出に係る特例承認申請書
□ 消費税簡易課税制度選択届出書

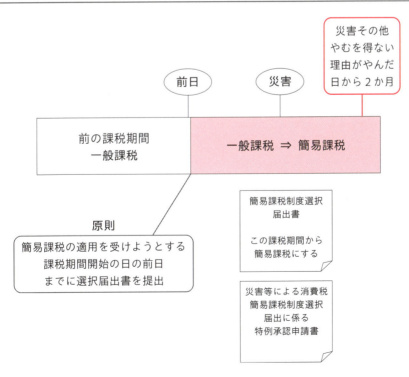

ただし、2事業年度前の課税売上高が5,000万円を超えているときは、この特別ルールの適用を受けることはできません。

### 令和6年能登半島地震で帳簿書類を消失した場合

令和6年能登半島地震により被害を受けられた方々におかれましては、心よりお見舞い申し上げます。

令和6年能登半島地震による災害によって帳簿書類を保存することができなかった場合については、国税庁のパンフレットで次のように案内されてます。

> また、<u>仕入税額控除に関して次に掲げる場合のように、災害（やむを得ない事情）により帳簿書類（適格請求書（以下「インボイス」といいます。）など）を保存することができなかった場合には、帳簿書類（インボイスなど）を保存することなく、仕入税額控除を行うことができます。</u>
> - 被災により消費税の課税仕入れに係る帳簿書類を消失した場合
> - <u>売手である適格請求書発行事業者（以下「インボイス発行事業者」といいます。）が被災したことでインボイスの交付を行うことができず、取引先（買手）においてそのインボイスを保存することができなかった場合</u>

（出典）　国税庁「（令和6年能登半島地震により被害を受けた事業者の方へ）消費税の届出等に関する特例等について」（令和6年1月）

そのため、インボイスや領収証などの書類を消失した場合でも、簡易課税に変更することなく、一般課税で申告することが可能と考えられます。

とはいいましても、災害によりインボイスや領収証など書類を消失し、会計ソフトのデータもない場合は、正確な仕入税額控除の額の算出は難しくなるでしょう。平時より会計ソフトの入力を行い、クラウドなどにデータをバックアップすることも、災害に対する備えの1つと考えられます。

## Q 4-23 災害による国からの給付金

コロナ禍のとき、国から当社へ持続化給付金が支給されました。この給付金を使って空気清浄機など感染症対策の備品を買いましたが、消費税に何か影響があったのでしょうか？

給付金の受給には、消費税はかかりません。
受給した給付金を備品の購入に充てたときは、通常の物品購入と同様に領収証がインボイスの記載事項を満たしているかを確認して処理しましょう。

### 持続化給付金

新型コロナの感染拡大時、売上高が前年同月比50％以上減少している事業者に対して支給されました。補助金（→ Q5-7）とは異なり、事業を下支えし、事業全般に広く使えるお金として支給されたので、給付の申請に「経費明細表」は不要でした。

持続化給付金の受給には消費税はかかっていませんでしたが、所得税または法人税の計算では収入として扱われました。

# 第5章

# 経理・決算・申告業務と消費税

第5章は経理としての業務に関する消費税について解説します。
　資金繰り、日々の帳簿の記載や領収証等の整理、税金の申告や納付に関わる消費税の知識を見ていきましょう。

## Q 5-1　税抜経理と税込経理の選び方

税抜経理と税込経理は、どちらを選ぶのがよいのでしょうか？

税抜経理と税込経理は、どちらを選んでも問題ありませんが、次の事項に気をつけてください。

### ▶継続適用

税抜経理と税込経理のどちらかを選択したら、正当な理由なく変更してはいけません（→**Q4-6**　重要性の原則・継続性の原則）。

### ▶税抜経理の方が有利なケース

**Q1-38**では、取引先との飲食が1人当たり1万円以内なら、交際費の制限の対象外ということを確認しました。この「1人当たり1万円以内」のルールは、会社が税抜経理を採用している場合は税抜金額、税込経理を採用している場合は税込金額で判定するのでしたね。

税金の制度では、ほかにも「○○円まで認められる」という特例があります。例えば「中小企業者等の少額減価償却資産の取得価額の損金算入の特例」です。この特例では、資本金1億円以下など一定の要件に当てはまる会社が30万円未満の減価償却資産を取得したときは、全額を取得時に経費としてよいというもので、この「30万円未満」も、税込経理を選択している場合は税込み30万円、税抜経理を選択している場合は税抜き30万円で判定します。

このような判定では税抜経理の方が消費税の分、有利と考えられます。

### ▶簡易課税・2割特例は税込経理がおすすめ

簡易課税や2割特例の適用を受ける会社は、経理の専門スタッフがいないことも多いので、より簡単な税込経理がおすすめです（→**Q2-2**　仕入税額控除とは）。

インボイス制度によって税抜経理がいっそう複雑になりましたので、簡易課税や2割特例の適用を受ける会社は、これを機に税抜経理から税込経理に変更しても、継続性の原則には反しないとされています（→**Q4-6**　重要性の原則・継続性の原則）。

## Q 5-2 帳簿・書類（データ）の保存

会社の帳簿や書類と、それらのデータの保存方法と保存期間について教えてください。

会社が事業を行っていくうえで作成する帳簿や、取引先とやり取りする書類には、次のようなものがあります。

| 帳簿や書類の種類 | | |
|---|---|---|
| 帳簿 | 仕訳帳、総勘定元帳、現金出納帳、売掛帳、買掛帳、経費帳、固定資産台帳など | |
| 書類 | 決算関係書類 | 損益計算書、貸借対照表、棚卸表など |
| | 現金預金取引等関係書類 | 領収証、小切手控、預金通帳、借用書など |
| | その他の書類 | 請求書、見積書、契約書、納品書、送り状、輸出許可通知書、輸入許可通知書など |

このうち消費税で特に重要なものは、帳簿では「仕訳帳と総勘定元帳」、書類では「領収証、請求書、納品書、輸出許可通知書、輸入許可通知書」などです。領収証、請求書、納品書などは、インボイスかどうかにかかわらず重要です。

帳簿、データは次のように区分して、それぞれの保存方法により保存します。

### ▶帳簿

① 保存期間

帳簿は日々の取引を連続して記録していきますが、事業年度単位で締め切り、新しくします。この締め切った帳簿を保存していきます。

保存のスタートは、帳簿を締め切った日の翌日から2か月を経過した日です。消費税の申告書の原則的な提出期限がスタートと考えてよいでしょう。保存期間は7年間です。

② 保存方法

　紙に印刷して保存するのが原則です。会計ソフト等により帳簿を作成した場合は、電子帳簿保存法の規定に従ってデータにより保存することも可能です。

### 印刷の代わりに画像ファイルやPDF形式のファイルでの保存は認められる？

　電子帳簿保存法では、「データの検索機能」が求められており、最低限「税務調査の際に、調査官からの求めに応じてデータを提示したり、提供できるようにしておくこと」とされています。

　つまり、しっかりした検索機能は備えていないまでも、求められたデータをすぐに探し出せるようにしておく必要はあるということです。画像ファイルやPDF形式のファイルは一般的に検索性が劣ると考えられており、このようなファイルのみの保存は、電子帳簿保存法の規定に従っているとはいえません。

　しかし、PDF形式のファイルの保存が完全に不可というわけではありません。検索性能を備えたCSV形式のデータもあわせて保存して、目的のデータを探し出せれば、画像ファイルやPDF形式のファイルでの保存も認められます。

## ▶ 受け取った書類

① 保存期間

　取引の都度、受け取った納品書や請求書、領収証、輸出許可通知書、輸入許可通知書、インボイスなどを保存します。保存のスタートは、受け取った日の属する課税期間の末日の翌日から2か月を経過した日です。消費税の申告書の原則的な提出期限がスタートと考えてよいでしょう。

② 保存方法

　受け取り方によって、次のような保存方法で保存します。

| 受け取り方 | 保存方法<br>(いずれかの方法によります) |
|---|---|
| 紙を手渡しまたは郵便 | ● 紙のまま保存<br>● スキャナ保存[※1] |
| 電子メールの本文や添付ファイル、サイトからのダウンロードなどデータで受取り | ● データを保存[※2] |

※1　電子帳簿保存法の「スキャナ保存」のルールに従う必要があります。
※2　電子帳簿保存法の「電子取引データ保存」のルールに従う必要があります。

帳簿と受け取った書類は7年間の保存が必要ですが、6年目以降はいずれか一方を保存すればよいとされています。

#### 電子データを印刷してはダメ？

データで受け取った領収証を印刷して、紙の領収証と同じファイルにまとめておきたいという要望もあるでしょう。電子データが電子帳簿保存法の「電子取引データ保存」のルールに基づいてデータのまま保存されていれば問題なく、印刷は禁止されていません。

### ▶交付したインボイスの写し

#### ① 保存期間

インボイスを交付したときは、写しを保存しなければなりません。保存のスタートは、交付した日の属する課税期間の末日の翌日から2か月を経過した日です。消費税の申告書の原則的な提出期限がスタートと考えてよいでしょう。

#### ② 保存方法

インボイスの交付方法によって、次のような保存方法で保存します。

| インボイスの交付方法 | 保存方法<br>(いずれかの方法によります) |
|---|---|
| 手書き | ● 複写式の控えを保存<br>● コピーを取って保存<br>● スキャナ保存[※1] |
| パソコンで作成し、印刷して交付<br>データで履歴の保存ができるレジも含まれます。 | ● 交付したもの以外に印刷したものを写しとして保存<br>● データを保存[※2] |
| パソコンで作成してデータで交付<br>表計算ソフトを使用して作成した請求書のほか請求管理ソフト利用やEDI等も含まれます。 | ● データを保存[※3] |

※1 電子帳簿保存法の「スキャナ保存」のルールに従う必要があります。

※2 電子帳簿保存法の「電子計算機を使用して作成する帳簿関係書類の保存」のルールに従う必要があります。

※3 電子帳簿保存法の「電子取引データ保存」のルールに従う必要があります。

▶ **保存場所**

帳簿や書類、データの保存場所は、本店のほか取引を行った支店や営業所も認められています。データ保存についてはクラウドサービスを利用したり、サーバを海外に置くことも可能です。

# Q 5-3 会計ソフトを使った帳簿の入力項目

会計ソフトを使って帳簿を作成しています。
帳簿に必ず記載しなければならない項目を教えてください。

帳簿に必ず記載しなければならない項目は、次のとおりです。
市販の会計ソフトを利用することで、簡単かつ負担なく帳簿が作成できますので、積極的に活用しましょう。

### 売上げ
① 売上相手の氏名または名称
② 取引年月日
③ 取引内容（軽減税率の対象品目である場合にはその旨）
④ 税率の異なるごとに区分した税込金額
⑤ 簡易課税の適用を受ける場合は事業区分

### 仕入、経費支払
① 相手方の氏名または名称
② 取引年月日
③ 取引内容（軽減税率の対象品目である場合にはその旨）
④ 税率の異なるごとに区分した税込金額
　→ 申告書作成のためには、④の税込金額は、消費税率や、取引相手がインボイス発行事業者かどうかも区分しておいた方がよいでしょう。

### 返品を受けたり値引きをした場合・リベートを支払った場合
① 相手方の氏名または名称
② 返品等により返金した年月日
③ 返品等の内容（軽減税率の対象品目である場合にはその旨）
④ 税率の異なるごとに区分した返金額

### 貸倒れが生じた場合
① 相手方の氏名または名称
② 貸倒れとなった年月日
③ 貸倒れとなった取引内容（軽減税率の対象品目である場合にはその旨）
④ 税率の異なるごとに区分した貸倒れの金額

### 仕入れの返品をした場合・リベートを受けた場合
① 相手方の氏名または名称
② 返品等により返金を受けた年月日
③ 取引内容（軽減税率の対象品目である場合にはその旨）
④ 返金等を受けた金額
→ 申告書作成のためには、④の金額は、消費税率や、取引相手がインボイス発行事業者かどうかも区分しておいた方がよいでしょう。

　税抜経理（→ **Q5-1**）を選択したときは仮受消費税と仮払消費税の仕訳も必要ですが、一般的な会計ソフトでは取引の入力時に、消費税の区分に応じて、自動で仮受消費税や仮払消費税の仕訳が作成されます。

## Q 5-4　1か月分の出張旅費の入力

従業員へ支給する1か月分の出張旅費を合計して、1つの仕訳で入力してもよいですか？

**A** 従業員が業務で外出した際に利用した電車代などの出張旅費は、1か月など期間を定めて精算書を作成し、精算するのが一般的です。このような出張旅費を1日ごとや乗り換えの都度、会計ソフトに分けて入力する必要はなく、1か月分をまとめて入力することも認められるでしょう。この場合、精算書は別途保存することが望ましいです。

ただし、例えば電車代と手土産代など勘定科目が異なるものや、インボイスの交付を受けられなかったタクシー代と電車代など、仕入税額控除の計算に違いがあるものをまとめて入力すると、正確な会計処理や税務計算ができません。これらは分けて入力する必要があります。

# Q 5-5 レシートと会計ソフトで消費税が違うとき

会計ソフト入力時に自動計算された消費税と、レシートや領収証に記載された消費税が1円ずれることがあります。
このようなとき、レシートや領収証のとおりに会計ソフトへ入力し直さなければなりませんか？

レシートや領収証の消費税の端数処理は、切捨て・切上げ・四捨五入のどれでもよく、レシートや領収証を発行した事業者が自由に決められますから、会計ソフトの計算とずれる可能性があります。

このずれを入力し直す必要があるかどうか、課税仕入れにかかる消費税の計算の仕組みに沿って見ていきましょう。

商品や原材料の仕入れ、固定資産の購入など、消費税がかかる支払いを「課税仕入れ」といいます（→ **Q2-1**）。この「課税仕入れ」にかかる消費税が、税務署に納める納付税額を計算するうえで重要なのですが、実は「課税仕入れ」にかかる消費税の求め方には2つの方法があります。一つは「積上げ計算」、もう一つは「割戻し計算」です。

---

● 積上げ計算
　積上げ計算とは、次のいずれかで消費税を算出する方法です。
　① 請求書等積上げ計算
　　インボイスなどに記載された消費税を合計する方法です。
　② 帳簿積上げ計算
　　課税仕入れの都度、会計ソフトに入力し、ソフトによって計算された消費税（1円未満の端数は切捨てまたは四捨五入）を仮払消費税という勘定科目に計上する方法です。
● 割戻し計算
　割戻し計算とは、税込みの課税仕入れの額を税率ごとに合計し、割り戻して消費税を算出する方法です。会計ソフト入力時に計算された消費税は、納付税額の計算には使いません。

---

レシートや領収証の消費税をそのまま使うのは、「請求書等積上げ計算」を採用した場合です。このため「請求書等積上げ計算」では、レシートや領収証の消費税のと

おりに入力し、それ以外の計算を採用したときは会計ソフト入力時に自動計算された消費税のとおりで問題ありません。

## 積上げ計算・割戻し計算の選択

積上げ計算・割戻し計算の選択には、制限があります。

売上げにかかる消費税額にも積上げ計算と割戻し計算があります。売上げにかかる消費税額の計算との組み合わせは、次のようになっています。

|  |  | 仕入税額 | |
|---|---|---|---|
|  |  | 【原則】<br>積上げ計算 | 【特例】<br>割戻し計算 |
| 売上げに<br>かかる<br>消費税額 | 【原則】<br>割戻し計算 | ○ | ○ |
|  | 【特例】<br>積上げ計算 | ○ | × |

## Q 5-6 消費税率が異なるものを同時に購入したときの仕訳

会議用のお茶540円（内 消費税40円）と紙コップ220円（内 消費税20円）をコンビニエンスストアで買ってきました。軽減税率と標準税率のものですが、次のように合計額で入力してもよいですか？

- 税込金額：540円 ＋ 220円 ＝ 760円
- 内 消費税額：40円 ＋ 20円 ＝ 60円

消費税区分は多い方にまとめて8％でいいかな？

| 日付 | 借方科目<br>消費税区分 | 借方金額<br>（内 消費税） | 貸方科目<br>消費税区分 | 貸方金額<br>（内 消費税） | 取引先<br>摘要 |
|---|---|---|---|---|---|
| 2024/9/17 | 会議費 | 760 | 現金 | 760 | ○△コンビニエンスストア |
| | 課税仕入れ軽8％ | 60 | 不課税 | | 会議お茶など |

軽減税率と標準税率のものを合計し1つの仕訳として会計ソフトに入力してはいけません。税率ごとに区分して入力しましょう。

| 日付 | 借方<br>消費税区分 | 借方金額<br>（内 消費税） | 貸方<br>消費税区分 | 貸方金額<br>（内 消費税） | 取引先<br>摘要 |
|---|---|---|---|---|---|
| 2024/9/17 | 会議費 | 540 | 現金 | 760 | ○△コンビニエンスストア |
| | 課税仕入れ軽8％ | 40 | 不課税 | | 会議お茶 |
| | 会議費 | 220 | | | ○△コンビニエンスストア |
| | 課税仕入れ10％ | 20 | | | 紙コップ |

紙コップの勘定科目は消耗品費や雑費でもよいでしょう。

### レジ袋も一緒に買ったときは注意

レジ袋は飲食料品の譲渡ではありませんので、標準税率10％です。飲食料品の購入時にレジ袋も購入した場合、会計ソフトには「飲食料品」と「レジ袋」を区別して入力しなければ、正確な納付税額の計算ができませんので注意しましょう。

# Q 5-7 設備投資で補助金が交付されたとき

IT機器の導入に関する補助金を申請し、採択されました。
補助金が交付されるとき、消費税は関係するのでしょうか？

A　補助金は、国や自治体が事業者の取り組みをサポートするため、資金の一部を給付するものです。政策目標にあわせてIT機器の導入や被災地支援など、さまざまな分野で公募されています。

　交付を希望する事業者は、補助金事業にかかる事業計画書や経費明細表を作成し、申請します。申請したら必ずもらえるものではなく、審査があります。審査を経て採択されると、補助金が交付されます。交付された補助金には、消費税はかかりません。

## ▶経費明細表の作成

　補助金を申請するときは、事業計画書のほか「経費明細表」も提出します。この経費明細表には事業計画に必要な機械装置、広報費、外注費などについて、それぞれの内容や必要な理由、金額を記載します。経費明細表に記載された金額に補助率を掛けたものが補助金交付申請額となりますので、見積書などをもとに、正確に記載しなければなりません。

　そして、これらの金額は、税抜金額を記載するルール※になっています。

　※　免税事業者や簡易課税の適用を受ける事業者は、消費税込みの金額で申請できます。

　その理由は、補助金対象の機械装置や広報費、外注費のうち課税仕入れとなるものは補助金対象以外の課税仕入れと区別されず、納付税額の計算で仕入税額控除されるので、もし消費税まで含めて補助金をもらうと、消費税分が申請者の手元に残ってしまうからです。

　申請時に金額が明確でないものについては消費税込みで申請することもできますが、補助事業終了後、消費税の申告により補助金に係る仕入税額控除額が確定したら、その仕入税額控除額を返還する手続きが必要です。

## Q 5-8 金融機関からの借入れ

金融機関から融資を受けました。金銭消費貸借契約書、返済予定表、融資計算書などをもらいましたが、これらの書類の中に、消費税に関係のあるものはありますか？

まず、預金通帳に振り込まれた借入金を確認してみましょう。金銭消費貸借契約書に書かれた「借入金額」よりもやや少なく、1円単位の端数が生じているのではないでしょうか。

事業資金の借入れは、利息が前払いであることが多く、借入れ時に即、次回の返済期日までの利息が差し引かれるためです。前払いの利息のほかにも、契約書の印紙代や保証料、振込手数料が差し引かれることがあり、内容は融資計算書で確認することができます。

このように差し引かれる金額のうち、振込手数料は課税仕入れですが、利息、印紙代、保証料には、消費税はかかりません。

### 借入金の支払利息と元金返済

金融機関から借りたお金の返済方法には、一括返済と分割返済があります。設備資金や運転資金の借入れでは元金均等による分割返済の方法が多く、金銭消費貸借契約書で定めた借入期間で分割した元金に利息をプラスして毎月返していきます。

元金プラス利息のうち、利息は損益計算書の営業外費用の部に表示されます。一方で、元金の返済額は損益計算書に載りません。つまり、元金を返しても経費にはなりません。

「借入金の返済には法人税がかかる」と表現する人もいるように、資金繰りに困らずに借入金を返済していくためには、返済する元金相当額に、その元金にかかる法人税等を足した金額の利益が最低限必要です。

## Q 5-9　売掛金を担保として提供したとき

売掛金を借入れの担保とすることができると聞いたのですが、もとの売上げにかかる消費税に何か影響はありますか？

「担保」というと不動産をイメージしますが、売掛金も借入れの担保にすることができます。

売掛金を担保にするときは、金融機関との間で売掛金を担保目的で譲渡する契約を結び、法務局で債権譲渡登記をします。契約や登記によって売掛金の所有者は金融機関になりますが、返済が滞らない限り、売掛金は通常どおり、買手から売手へ支払われます。

このような契約や登記をした場合、原則としては売掛金の売却があったものとして取り扱われますが、売掛金のもととなった売上げにかかる消費税には影響ありません。

### 売掛金の売却とは

「売掛金」も商品や固定資産と同様に、売ることができます。この問いのように担保として譲渡するほか、「ファクタリング」といって、売掛金を期日前に一定の手数料で買い取ってくれるサービスもあります。

消費税では「売掛金の売却」は非課税売上げとされています。非課税売上げの割合が一定以上大きくなると仕入税額控除が制限されるのですが（→ **Q4-12**）、売掛金の売却は例外とされていて、仕入税額控除の制限にはつながりません。

## Q 5-10 返済が滞った場合の担保と消費税

借入金を返せなくなったら、担保はどうなるのでしょうか？

 土地を金融機関からの借入れの担保として提供したとき、登記事項証明書（いわゆる登記簿謄本）には、次のように記載されます。

抵当権が設定されただけでは、消費税に関わるような取引は生じません。

|  |  |  | 全部事項証明書　　（土地） |
|---|---|---|---|
| 表　題　部（土地の表示） | 調整 | 余　白 | 不動産番号　01234567890123 |
| 地図番号 | 筆界特定 | 余　白 |  |
| 所　在 | ○■市○○通 |  |  |

| 権　利　部（甲　区）（所有権に関する事項） ||||
|---|---|---|---|
| 順位番号 | 登記の目的 | 受付年月日・受付番号 | 権　利　者　そ　の　他　の　事　項 |
| 1 | 所有権移転 | 令和5年11月XX日 | 原因　令和5年10月31日売買<br>所有者　○■市○○通<br>　　　　株式会社　○○○○ |

| 権　利　部（乙　区）（所有権以外の権利に関する事項） ||||
|---|---|---|---|
| 順位番号 | 登記の目的 | 受付年月日・受付番号 | 権　利　者　そ　の　他　の　事　項 |
| 1 | 抵当権設定 | 令和5年11月XX日<br>第111111号 | 原因　令和5年10月31日金銭消費貸借同日設定<br>債権額　金5,000万円<br>利息　年2.0%<br>損害金　年14%<br>債務者　株式会社　○○○○<br>抵当権者　○■信用金庫<br>・・・・・・ |

借入金を返せなくなると、抵当権の設定されている不動産は競売（けいばい）にかけられるか、あるいは任意売却をして借入金を返済することになります。

「競売」は、債権者である金融機関が裁判所へ申し立てることでスタートします。申立てがあったら、裁判所は抵当権の設定されている不動産を差し押さえて、売却の手続きに入ります。

売却金額は入札で決まります。代金は借入れの返済に充てられますが、債務者本人の売上げとして扱われます。上記の例では土地の売買ですので、入札で決まった売却

金額が消費税の非課税売上げになります。

「任意売却」とは担保となっている不動産を売却して、売却代金を返済に充てる方法です。しかし、任意売却しようとしても、抵当権が設定されたままの不動産はいつ競売にかけられてしまうかわからないので、誰も買おうとしないでしょう。そこで、売却前に債権者である金融機関と話し合って、抵当権を抹消してもらってから売却します。抵当権抹消後、無事に売却できれば、土地の売却として売却金額が消費税の非課税売上げになります。

### 不動産担保は減ってくる？

「スタートアップ」と呼ばれるような会社は創業したばかりで、担保に提供できるような財産を持っていないことが多いです。そのようなスタートアップでも資金調達できるように、「事業性融資の推進等に関する法律」が令和6年6月に成立しました。

「不動産担保」や「経営者保証」は今後ますます少なくなっていくものと思われます。

## Q 5-11　借入れの保証料

自治体の制度融資を申し込んでお金を借りたところ、信用保証協会へ保証料を払う一方で、自治体から保証料の補助をもらうことができました。
これらの保証料や補助には、消費税はかかるのですか？

A　制度融資とは、自治体や金融機関、信用保証協会という公的機関が連携して、中小企業や小規模事業者の借入れを支援する制度です。自治体やメニューによってサポート内容は異なりますが、おおむね次の図のような体制で、借入れを支援しています。

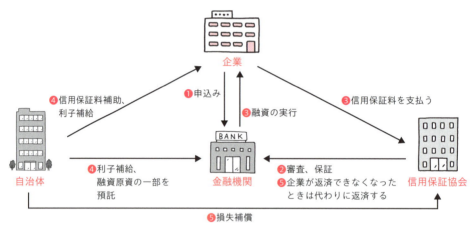

● 制度融資の流れ
① 最初に、企業から金融機関へ融資の申込みをします。申込みの際に金融機関から、信用保証協会の保証を勧められたり、制度融資のメニューを紹介されることが多いです。
② 金融機関から信用保証協会へ保証の申込みをします。信用保証協会は審査によって保証できるかどうかを決めます。
③ 保証の審査を通ると融資が実行され、企業は信用保証料を信用保証協会に支払います。
④ 自治体は、企業に信用保証料を補助したり、利子の一部を負担したり、融資原資の一部を金融機関に預託するなど、さまざまなサポートをします。
⑤ 万が一、企業が返済できなくなったときは、信用保証協会が代わりに金融機関に返済してくれます。自治体は信用保証協会に対して損失の一部を補填します。

信用保証料とは、信用保証協会による保証の対価で、消費税は非課税です（→Q1-2）。保証料の補助や利子補給は不課税取引です。

# Q 5-12 簡易課税のメリット・デメリット

当社は飲食店を営んでおり、日々、食材の仕入れを行っています。軽減税率が適用されるものが多いのですが、調味料の一部が標準税率だったり、厨房の消耗品を一緒に買ったりして、軽減税率と標準税率の両方が記載されている領収証がたくさんあります。

これらの領収書から税率ごとに区分して会計ソフトに入力するのは、とても大変なのですが……。

「仕入れを税率ごとに区分して会計ソフトに入力するのがとても大変」という場合、簡易課税の選択を検討してみましょう（→**Q2-2　仕入税額控除とは**）。経理方式についても、税抜経理を選択している場合は税込経理に変更することで、事務負担を減らせるかもしれません（→**Q5-1**）。

簡易課税のメリット・デメリットは次の表のとおりです。貴社の事情に合わせ検討してみてください。

| 簡易課税のメリット | 簡易課税のデメリット |
| --- | --- |
| 課税売上高だけで納付税額を計算するので、会計ソフト入力の際に、仕入れや経費支払について消費税の課税仕入れかそうでないか、消費税率は8％か10％か、インボイスかインボイスでないかを区別しなくてよい。 | 課税売上高だけで納付税額を計算するので、次のような個別の事情に対応できない。<br>（例1）良い食材を使っているので、一般的な飲食店よりも原価率が高い。<br>（例2）大規模な設備投資をしたので、課税仕入れが課税売上高を上回った。 |

## 簡易課税制度選択届出書の効力の例外

簡易課税は、原則として「消費税簡易課税制度選択届出書」を提出した課税期間の翌課税期間から適用されます。このため簡易課税制度選択届出書は、適用を受けようとする課税期間が始まる前に提出しておく必要があります。

ただし、次の課税期間に限り、簡易課税制度選択届出書に「提出日の属する課税期間から簡易課税制度の適用を受けたい」旨のチェックなどを記載して提出すれば、提出した課税期間から簡易課税の適用を受けられます。

| 前の課税期間 | この課税期間から簡易課税の適用を受けたい |
|---|---|
| **原則**<br>適用を受けようとする課税期間の前日までに簡易課税制度選択届出書を提出 | **次の❶～❸の場合**<br>この課税期間の末日までに提出 |

❶　設立第1期
❷　免税事業者がインボイス発行事業者の登録を受けて初めて消費税の申告書を提出する課税期間
　　→❷の適用の期限は、令和11年9月30日までの日の属する課税期間中にインボイス発行事業者の登録を受けた場合までです。
❸　インボイス発行事業者の登録を受け、2割特例の適用を受けた課税期間の翌課税期間
　　→❸の適用の期限は、令和8年9月30日までの日の属する課税期間に2割特例の適用を受けて、翌課税期間中に簡易課税制度選択届出書を提出した場合に限ります。

❷と❸はインボイス制度の開始に伴う特例措置ですので、適用に期限があります。

# Q 5-13 一般課税と簡易課税の選択のタイミング

課税期間終了後に一般課税と簡易課税の結果を比較して、どちらにするか決めることはできないのですか？

課税期間終了後に一般課税と簡易課税を比較して、どちらにするか決めることはできません。

また、次の要件の両方に当てはまる場合は、必ず簡易課税により申告しなければなりません。

☐ 2事業年度前の課税売上高が5,000万円以下である。
☐ 適用を受けようとする課税期間開始前に簡易課税制度選択届出書を提出している。

（注） 2割特例を使う場合は、課税期間終了後に、一般課税または簡易課税と2割特例の計算結果を比較して選ぶことができます（→ **Q2-2　3つの計算方法のうち、いずれを使うか**）。

## Q 5-14 消費税の中間申告とは

事業年度が開始してから半年くらい経過したころ、税務署から「中間申告について」という封書が届きました。

税金の納付書が入っていましたが、これは払わなければならないのでしょうか？

消費税には中間申告制度があります。納付が遅れた場合には、期限の翌日から納付の日までの延滞税が発生する可能性があります。

封書に入っていた納付書の中間申告税額は、直前の課税期間の実績に基づいて計算したものです。事業の休廃業などにより売上げが大きく減少して納付が難しい場合などは、仮決算による中間申告を行うことで、中間申告の納付税額を減らせる可能性があります（→ Q5-18）。

### 中間申告は何回ある？

まずは直前の課税期間の「消費税及び地方消費税の確定申告書」を見てみましょう。第一表に「差引税額」という欄がありますね。

この差引税額の金額に応じて、中間申告の納付が何回必要かが決まります。

| 直前の課税期間の差引税額 | 中間申告の納付回数 | 中間申告の納付税額 |
|---|---|---|
| 4,800万円超 | 年11回（毎月） | 差引税額 × $\frac{1}{12}$（①）【国税分】 + ① × $\frac{22}{78}$【地方消費税額】 |
| 400万円超 4,800万円以下 | 年3回（3か月に1度） | 差引税額 × $\frac{3}{12}$（②） + ② × $\frac{22}{78}$ |
| 48万円超 400万円以下 | 年1回（6か月に1度） | 差引税額 × $\frac{6}{12}$（③） + ③ × $\frac{22}{78}$ |
| 48万円以下 | 原則なし 任意の中間申告という制度があります。 | |

　消費税の納付税額を計算するときは、国税の消費税額と地方税の地方消費税額を分けて計算します。

　上の表の「○× $\frac{22}{78}$」という部分は、地方消費税額の計算部分です。

　前ページの確定申告書では、差引税額は1,304,800円となっていますので、表に当てはめると年に1回の中間申告で、金額は836,200円です（かけ算・割り算の順番や端数処理のルールにより、この金額となります）。

　消費税及び地方消費税の確定申告書を作成した時に、中間申告の時期や納付税額は事前にわかりますから、納付する資金を準備しておきましょう。

　なお、課税期間を3か月や1か月に短縮している事業者には、中間申告はありません（→ **Q1-41　課税期間とは**）。

# Q 5-15 中間申告の納付方法

中間申告の納付は自動振替ですか？

中間申告の納付は、自動振替ではありません。ただし、個人事業者のみ振替納税という制度があります。

## 税金を納付する方法

税金を納める方法には、次の7つがあります。納付の方法によって納付できる税金の種類や利用可能限度額が異なりますので、国税庁のホームページなどを確認してください。

| 納付の方法 | 手続き |
| --- | --- |
| ① 金融機関や税務署の窓口で納める | 納付書と現金を各窓口に持参して納付します。 |
| ② e-Taxでの納付 | 国税庁のe-Taxのホームページから、インターネットバンキングやダイレクト納付などを利用して納付します。 |
| ③ 振替納税<br>（個人事業者のみ） | 税務署に事前に登録した口座から、期日に自動で引き落とされます。 |
| ④ クレジットカード納付 | 「国税クレジットカードお支払いサイト」で手続きします。別途、手数料がかかります。 |
| ⑤ コンビニ納付<br>（QR納付）※ | e-Tax納付用QRコードを作成して、コンビニエンスストアで納付します。30万円が限度です。 |
| ⑥ コンビニ納付<br>（バーコード納付） | 中間申告で納付額が30万円以下である場合などバーコード納付が可能なときは、税務署からバーコード付きの納付書が送られてきますので、この納付書を使ってコンビニエンスストアで納付します。 |
| ⑦ スマホアプリ納付 | 7種類（令和6年4月現在）のPay払いから選択できます。「国税スマートフォン決済専用サイト」で手続きします。30万円が限度です。 |

※ QRコードは株式会社デンソーウェーブの登録商標です。

## 納付書の事前送付が廃止に

キャッシュレス納付の利用拡大のため、令和6年5月以降、e-Taxにより申告書を提出している会社には、税務署からの納付書の事前送付が取りやめになりました。上の表の②以下の納付方法を検討してみましょう。

（注）一定の大法人以外は、消費税の中間申告については事前送付されます。

# Q 5-16 中間申告の納付期限

中間申告は、いつ納付すればよいのですか？

中間申告の納付期限は、中間申告の納付回数（→Q5-14）に応じて、次のようになっています。

▶ **中間申告の回数が年11回の場合**

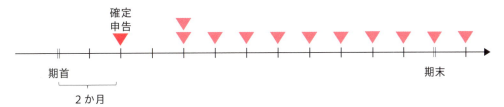

原則として期首から2か月目に、前課税期間分の消費税の確定申告期限が来ます。その申告書の「差引税額」によって「年11回の中間申告」ということが決まります。

「年11回の中間申告」になると、期首から4か月目で中間申告2回分の期限が来ます。5か月目から翌期の1か月目までは、毎月が中間申告の期限になります。

▶ **中間申告の回数が年3回の場合**

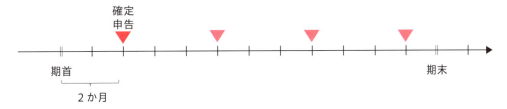

原則として期首から2か月目に、前課税期間分の消費税の確定申告期限が来ます。その申告書の「差引税額」によって「年3回の中間申告」ということが決まります。

「年3回の中間申告」になると、期首から5か月目、8か月目、11か月目が、それぞれ中間申告の期限になります。

▶ **中間申告の回数が年1回の場合**

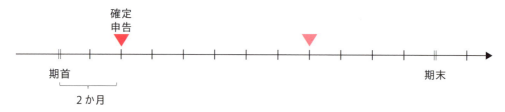

　原則として期首から2か月目に、前課税期間分の消費税の確定申告期限が来ます。その申告書の「差引税額」によって「年1回の中間申告」ということが決まります。

　「年1回の中間申告」になると、期首から8か月目が中間申告の期限になります。

## Q 5-17 納税証明書の入手方法

金融機関で借入れを申し込んだ際に、融資の担当者の方から「納税証明書を出してください」と言われました。
この「納税証明書」は、どこでもらえるのですか？

次のように、税金の種類によって納税証明書を交付してくれる機関が異なります。
- 法人税、地方法人税、消費税など……………………税務署
- 事業税、特別法人事業税、法人都道府県民税………都道府県税事務所
- 法人市町村民税…………………………………………市町村の役所

### 納税証明書の提出は何のため？

国税徴収法という法律の第8条には「国税優先の原則」という規定があり、原則として国税はすべての債権より優先して徴収されることが決められています。

金融機関からすれば、もし税金の滞納をしているような会社に融資すると、その会社が資金繰りに行き詰まった場合、税金の支払いから優先されて、返済を受けられなくなるかもしれません。

そのため、金融機関は融資の際に、その会社に税金の滞納がないことを確認するため、納税証明書の提出を求めることになります。

なお、地方税法にも「地方税優先の原則」という規定があり、地方税も国税と同列で、金融機関などへの返済よりも優先して徴収されます。

## Q 5-18 仮決算による中間申告

前期の業績は非常に好調でしたが、ライバルの出現により今期の業績は非常に低迷しています。
このような中、税務署から「中間申告のお知らせ」が届いたのですが、記載されている金額を払えそうにありません。どうすればよいのでしょうか？

仮決算を行うことで、中間申告の納付税額を少なくすることができるかもしれません。

中間申告の回数（→ Q5-14）に応じて

☐ 年11回の場合………期首から1か月ごとに区分した期間
☐ 年3回の場合………期首から3か月ごとに区分した期間
☐ 年1回の期間………期首から6か月の期間

を1つの課税期間とみなして仮決算を行い、その仮決算に基づいて、納付すべき消費税額を計算します。

この「仮決算による中間申告」を行う場合の注意点は、次の3つです。

① 計算した消費税額がマイナスになっても、還付を受けることはできません。
② 中間申告の納付期限（→ Q5-16）までに仮決算による中間申告書を提出しなかった場合は、自動的に通常のルール（→ Q5-14）で計算した中間申告の納付税額に決まってしまいます。中間申告の期限に遅れたら、仮決算による中間申告はできません。
③ 簡易課税の適用がある場合は、仮決算でも簡易課税により中間申告の納付税額を計算します。

## Q 5-19 修正申告で納付した消費税の経理処理

先日、税務調査があり、売上げの計上時期のズレを指摘されましたので、法人税と消費税の修正申告書を提出し、増加分の税金を納めました。
この増加分の税金のうち、消費税はどのように経理処理すればよいのでしょうか？

修正申告書を提出し、増加分の税金を納付した日に租税公課として処理します。

会計ソフトには次のように入力しましょう。

| 日付 | 借方科目 | 借方金額 | 貸方科目 | 貸方金額 | 取引先 |
| | 消費税区分 | （内 消費税） | 消費税区分 | （内 消費税） | 摘要 |
|---|---|---|---|---|---|
| 2024/12/5 | 租税公課 | 350,000 | 現金 | 350,000 | △△税務署 |
| | 不課税 | — | | — | 消費税の修正申告 |

　会社が税込経理か税抜経理かに関係なく、会計ソフトへの入力は上記のとおり行います（→ Q5-1）。

　ただし、会社が税込経理か税抜経理かによって、法人税の計算では、どの事業年度の経費になるのかが異なります。会社が税込経理を選択している場合は、増加分の税金を納付した事業年度の経費となり、税抜経理を採用している場合は、修正申告の対象となった事業年度の経費のように扱われます。この調整は法人税の申告書上で行われ、会計ソフトの入力時に気にする必要はありません。

### 消費税は経費になるの？

　次のように会社が納める税金には、経費になるものと、ならないものがあります。

- 経費になる税金
  事業税、特別法人事業税、固定資産税等、印紙税、事業所税、消費税　など
- 経費にならない税金
  法人税、地方法人税、法人都道府県民税、法人市町村民税、加算税、延滞税　など

　このうち消費税については、税込経理か税抜経理かによって、決算書にどのように載るかが異なります。

- 税込経理の場合………損益計算書の租税公課に消費税の額を計上します。
- 税抜経理の場合………仮受消費税と仮払消費税の差額として貸借対照表に計上されますので、租税公課には計上されません。

租税公課に消費税が計上されていると、税込経理の方が経費が多いように感じられますが、売上げや経費なども消費税込みの金額が計上されているため、当期利益の計算結果は税込経理でも税抜経理でも同じになります。

## Q 5-20 インボイス発行事業者の登録開始時期

当社はインボイス発行事業者の登録を行っていませんが、新規取引の見込み先から「インボイス発行事業者の登録をしていないと契約は難しい」と言われました。

今後、登録を受ける予定でいるのですが、登録まで時間がかかるなら、とりあえず今回の契約は諦めた方がよいのでしょうか？

貴社が消費税の課税事業者である場合、原則としてインボイス発行事業者の登録に制限はありませんので、「適格請求書発行事業者の登録申請書」を提出し、登録されればインボイス発行事業者になることができます。

貴社が免税事業者である場合、基本のルールでは、課税期間の中途からインボイス発行事業者になることはできません。ただし、期間限定のルール（経過措置）として、インボイス制度スタート時から令和11年9月30日までの日を含む課税期間は、課税期間の中途からインボイス発行事業者になることができますので、今回の契約を諦める前に、登録が間に合うかどうか検討してみましょう。

ここで「令和11年9月30日までの日を含む課税期間」とは、どの期間のことを指すのでしょうか。次の図のように3月決算の会社の場合、「令和11年9月30日までの日を含む課税期間」とは「令和11年4月1日から令和12年3月31日まで」が該当します。

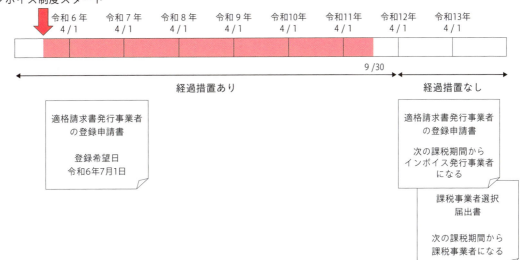

　免税事業者がこの経過措置を使ってインボイス発行事業者になるときは、申請書に「登録希望日」を記載します。登録希望日は、申請書の提出日から15日以後の日を書くこととされています。

## インボイス発行事業者の義務

　インボイス発行事業者になると、次のような義務が発生します。このため登録にあたっては、負担がどれくらい増えるか事前に確認しておく必要があります。

> ☐ 取引先から求められたら、インボイスを交付しなければなりません。
> ☐ 交付したインボイスの写しを、交付した日の属する課税期間の末日の翌日から2か月を経過した日から7年間、保存しなければなりません（→ Q5-2）。
> ☐ 交付したインボイスに誤りがあった場合には、原則として修正したインボイスを交付しなければなりません[※]。当初交付したインボイスの写しと修正したインボイスは、両方保存する必要があります。
> 　※　インボイスの誤りに気付いた買手が正しい内容の仕入明細書などを作成し、売手に交付して確認を受けるという方法も認められます。
> ☐ 事業の規模にかかわらず、消費税の申告・納付をしなければなりません。

第 **6** 章

# 会社経営・自社株と消費税

　第5章までは、営業や購買、人事、総務、経理といった日々の業務に関する消費税について解説してきました。
　第6章では会社の経営や自社株など、社長目線の取引に注目します。「会社を成長させたい」「次のステップに上りたい」と常に考えている社長の耳には、会社の株式や経営権に関わる施策の情報が次々入ってくるでしょう。このような施策の中には、消費税で気をつけなければならないこともあります。

## Q 6-1 配当金を支払うとき

株主に還元するため、配当金を出そうと思います。
配当金を支払うとき、消費税に影響はありますか？

配当金は、支払う側ももらう側も、消費税にはまったく影響しません。

### 信用金庫の出資配当と受取利息の違い

　株式会社の株式を持っていなくても、受取配当金が生ずることがあります。それは信用金庫の出資です。

　信用金庫の預金通帳には、半年に一度の預金利息のほか、出資金があれば年に一度、出資配当が入金します。この預金利息と配当には、次のような違いがあります。

|  | 預金利息 | 出資配当 |
|---|---|---|
| 回　数 | 年に2回 | 年に1回 |
| 対　象 | 預金残高に対する利息 | 出資金に対する配当<br>預金があっても出資をしていない場合は配当なし。 |
| 消費税 | 非課税<br>高額になると仕入税額控除が制限される。 | 不課税<br>消費税にはまったく影響しない。 |
| 源泉所得税※ | 15.315% | 20.42% |
| 勘定科目 | 受取利息 | 受取配当金 |

※　源泉所得税は法人税の申告において、法人税額から控除することができます。

## Q 6-2 増資するとき

資本金100万円で会社を設立したばかりですが、今後の取引を考えて第1期中に増資をしようと考えています。
消費税で気をつけることがあれば教えてください。
なお、株主は私のみで、私はほかに支配している会社などはありません。

 会社の設立第1期中に増資する場合、第2期が消費税の課税事業者となるか免税事業者となるかの判定に影響します。
第1期と第2期が課税事業者か免税事業者かは次のように判定します。

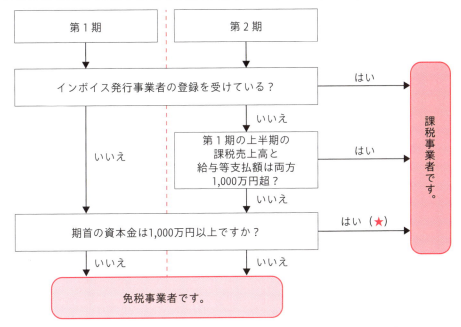

インボイス発行事業者の登録を受けていないものとすると、資本金1,000万円未満で設立した会社の第1期は免税事業者です。その会社が第1期目のうちに増資によって資本金1,000万円以上になると、第2期の期首は資本金1,000万円以上となります。仮に「第1期の上半期の課税売上高と給与等支払額は両方1,000万円超？」の判定が「いいえ」であっても第2期は課税事業者です。

期首の資本金が1,000万円以上であることにより課税事業者になった場合（図中の★）は、納税地の税務署へ「消費税の新設法人に該当する旨の届出書」を提出します。提出期限は特に決まっていませんが、なるべく早く提出しましょう。

3期目以降は、期首の資本金による判定はありません。

## Q 6-3　事業協同組合を脱退するとき

事業協同組合に加入していましたが、持分を買い取ってもらって脱退しようと思います。
この売買には、消費税はかかりますか？

　事業協同組合の持分を買い取ってもらう取引は、消費税の非課税売上げとして扱われます。

　非課税ですから「持分の売却金額に別途、消費税をもらって納付する」必要はありませんが、非課税売上高が多くなると課税売上割合が小さくなり、仕入税額控除が制限される可能性がありますので注意しましょう（→ Q 4-12）。

## Q 6-4 子会社を設立するとき

子会社を設立しようと思います。子会社の資本金が1,000万円未満ならば、設立から最長2年間は、消費税の免税事業者になりますか？

会社の第1期、第2期が消費税の課税事業者かどうかの判定は、次の図のようになっています。

期首の資本金が1,000万円未満であっても、消費税の課税事業者になる場合があります。

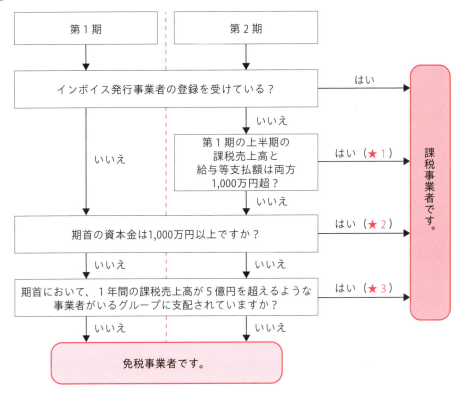

なお、上の図のうち
① （★1）の場合は「消費税課税事業者届出書【特定期間用】」
② （★2）の場合は「消費税の新設法人に該当する旨の届出書」
③ （★3）の場合は「消費税の特定新規設立法人に該当する旨の届出書」
をそれぞれ納税地の税務署へ提出する必要があります。

これらの提出期限は特に決まっていませんが、なるべく早めに提出しましょう。

また、上の図にある「支配されている」とは、「50％超の株式を保有されている」という関係のことをいいます。
　例えば、資本金300万円で設立された会社であっても、次のような支配関係の会社は、設立第1期目から消費税の課税事業者となります。

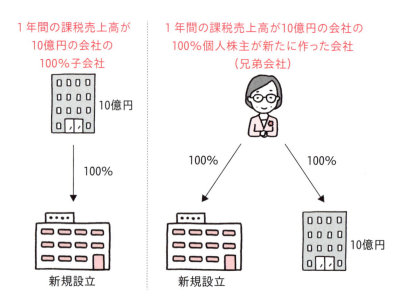

　上記の判定にあたっては、税理士などの専門家に相談しましょう。

## Q 6-5 | M&Aで子会社になるとき

当社はM&Aを行い、大株主である創業者が株式を大企業に売却することを検討しています。
この結果、大企業の子会社になるかもしれませんが、消費税で何か気をつけることはありますか？

　大株主が株式を売却しただけでは、貴社の日々の営業にすぐ影響が生じることはありません。ただし、子会社になった後、新たな株主の下で事業年度の変更や事業内容の改善が行われれば、それにあわせて課税期間が変わったり、課税売上高が大きくなったりという変化があるでしょう。

　課税事業者かどうかの判定も株式の売却による影響はありません。インボイス発行事業者の登録を受けている場合は課税事業者となり、受けていない場合は、原則として次の図のように、貴社の2事業年度前または前事業年度の上半期の課税売上高等によって行います。

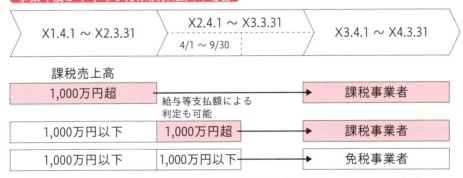

（注）　国税庁「消費税のあらまし（令和6年6月）」20ページをもとに作成

　ただし、貴社が設立第1期目または第2期目である場合は、株主となった親会社の課税売上高が、判定に加わります（→ **Q6-4**）。

## Q 6-6 会社を解散・清算するとき

跡継ぎがいないので、会社をたたもうと思います。
この場合、いつまでに消費税の申告をしなければならないのでしょうか？

会社をたたむときは次ページの図のような手続きがあり、消費税の申告・納付は、それぞれ次の日までに行います。

| 手続き | 申告・納付の期限 |
| --- | --- |
| 株主総会で解散の決議をしたとき | 株主総会で決めた解散の日の翌日から2か月以内 |
| 解散の日の翌日から1年を経過するとき | この期間を清算事務年度といい、清算事務年度終了の日の翌日から2か月以内<br>（注）1年以内に次の残余財産が確定すれば、この申告は必要ありません。 |
| 残余財産が確定したとき | 残余財産が確定した日の翌日から1か月以内または最後の分配の行われる日の前日まで |

なお、解散の決議をしただけでは、インボイス発行事業者の登録は取り消されません（→下記 **インボイス発行事業者の登録を取り消すには？** 参照）。

### 会社をたたむときの手続き

**株主総会**
- 株主総会を招集して解散決議と清算人の選任を行います。解散の年月日も株主総会で決めます。
- 事業年度と関係なく解散の決議をすることができます。

↓

**登記**
- 法務局で解散・清算人登記を行います。

↓

**申告、届出**
- 事業年度開始の日から株主総会で決めた解散の年月日までを一事業年度とみなして、解散の日の翌日から2か月以内に消費税や法人税等の確定申告をします。
- 異動届出書も提出します。

↓

**財産現況調査**
- 清算人が財産現況調査を行い、解散時点における財産目録と貸借対照表を作成します。
- 調査に1年以上かかる場合は解散の年月日の翌日から1年ごとに消費税や法人税等の確定申告をする必要があります。

↓

**株主総会**
- 財産目録と貸借対照表の承認をします。

↓

**残余財産の確定**
- 残っていた売掛金の回収や買掛金・借入金の支払い、固定資産の処分などがすべて完了したら残余財産の確定です。

↓

**申告、届出**
- 残余財産の確定の日の翌日から1か月以内または残余財産の分配の日の前日のいずれか早い日までに消費税や法人税の確定申告をします。

↓

**残余財産の分配**
- 買掛金や借入金等をすべて支払っても財産が残った場合は株主に対し、持株数に応じて残余財産を分配します。

↓

**株主総会**
- 決算報告を作成し、株主総会の承認を受けます。

↓

**清算決了登記**
- 法務局で清算決了の登記を行います。

### インボイス発行事業者の登録を取り消すには？

インボイス発行事業者の登録をやめるときは「適格請求書発行事業者の登録の取消しを求める旨の届出書」（登録取消届出書）を、納税地の税務署に提出します。この登録取消届出書は次のように、提出するタイミングに注意が必要です。

① 「翌課税期間の初日から起算して15日前の日」までに提出したとき

登録取消届出書を提出した日の属する課税期間の翌課税期間から、インボイス発行事業者ではなくなります（下の図は4月1日が課税期間の初日である例です）。

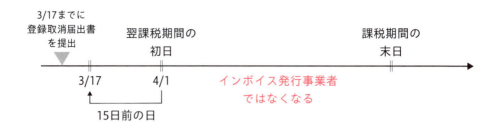

② 「翌課税期間の初日から起算して15日前の日」を過ぎてから提出したとき

　登録取消届出書を提出した日の属する課税期間の翌々課税期間から、インボイス発行事業者でなくなります。このため翌課税期間が終わるまでは、引き続きインボイス発行事業者です。

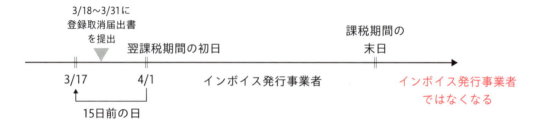

　「翌課税期間の初日から起算して」とは、初日を出発点として、1日前・2日前と数えます。例えば4月1日が課税期間の初日である場合、15日前の日は3月17日になります。土日や祝日に重なっても、提出期限は翌日にはならないので注意してください。

　なお、登録取消届出書を提出していなくても、1年以上消費税の確定申告書の提出がなく、税務署から送付された文書が宛先不明で戻されたり電話が通じないなど所在不明である場合は、税務署長によってインボイス発行事業者の登録が取り消される可能性があります。

## Q 6-7　個人事業者が会社を設立するとき

個人事業者でしたが、事業規模が大きくなってきたことから、会社を設立しようと思います。
　個人事業者のときからインボイス発行事業者の登録を受けており、会社になっても引き続き登録を受けたいのですが、いつまでに登録手続きをすればよいのでしょうか？

A　会社の設立時は、事前に届出書を提出するということができません。そのため、第1期の末日までに次の2つの届出書を提出すれば、第1期の期首にさかのぼってインボイス発行事業者になることができます。

```
□ 消費税課税事業者選択届出書
□ 適格請求書発行事業者の登録申請書
```

　なお、会社が令和11年9月30日までに設立された場合は、経過措置により「消費税課税事業者選択届出書」の提出は不要です。

　また、資本金1,000万円以上で設立された会社や、課税売上高5億円を超える会社に支配されている会社（→Q6-4）である場合も「消費税課税事業者選択届出書」の提出は不要で、「消費税の新設法人に該当する旨の届出書」や「消費税の特定新規設立法人に該当する旨の届出書」を提出します。

　提出期限は第1期の末日ですが、手続きが遅くなると、すでに取引先へ交付済みの請求書をインボイスに差し替えるなどの手間が生じます。会社の設立後は、なるべく早めに提出する必要があるでしょう。

## Q 6-8 個人事業者が廃業するとき

個人事業を廃業することにしました。
消費税の申告は、いつまでしなければならないのでしょうか？

**A** 個人事業を廃業した場合は、廃業した年まで消費税の申告をします。
「事業廃止届出書」の提出も必要です（提出先は納税地の税務署）。この届出書の提出により、事業を廃業した日の翌日にインボイス発行事業者の効力がなくなります。

なお、消費税に関するほかの届出書（「消費税簡易課税制度選択不適用届出書」など）には事業を廃止した旨を書く欄があります。このような届出書に「事業を廃止した旨」を書いて提出した場合は、あらためて「事業廃止届出書」を提出する必要はありません。

### 事業に使っていた自動車などがある場合

廃業するまで事業用に使ってきた自動車などは、廃業した時点でその自動車を時価（→ Q3-11）で売却したものとして、廃業した年の消費税の課税売上高に含めなければなりません。

# 巻末付録

# この収入の消費税はどう扱われる?

　本文中に出てきたさまざまな取引を中心に、消費税の課税 or 免税 or 非課税 or 不課税を整理してみましょう。

| 取引の内容 | 消費税 |
| --- | --- |
| 商品の販売やサービス提供(**Q1-2　消費税の非課税取引** に挙げられている取引以外) | 課税売上げ |
| 訪日観光客向けの着物のレンタルと着付け　→Q1-31 | 課税売上げ |
| お客様が自治体発行クーポンで支払った場合　→Q1-26 | 課税売上げ |
| 免税店での売上げ　→Q1-32 | 免税売上げ |
| 商品の輸出 | 免税売上げ |
| 従業員から徴収した昼食代　→Q3-13 | 不課税 |
| 従業員から徴収した社宅家賃　→Q3-9 | 非課税売上げ |
| 給与から天引きした源泉所得税 | 不課税 |
| お祝いとしてもらった商品券　→Q4-3 | 不課税 |
| 会費制パーティーの参加費　→Q4-14 | 不課税 |
| 土地の売却　→Q4-12 | 非課税売上げ |
| 災害時の給付金、補助金の交付　→Q4-23、Q5-7 | 不課税 |
| 銀行からの借入金　→Q5-8 | 不課税 |
| 増資による入金　→Q6-2 | 不課税 |
| 税金の還付金 | 不課税 |
| 販売した商品の有料メンテナンス | 課税売上げ　車椅子の修理など非課税となるものもあります。 |
| 下請業者に材料を有償で支給 | 原則として課税売上げ |
| 従業員や役員の副業収入 | 会社の売上げには関係ありません。 |
| 営業車の買い替えに伴う下取り | 課税売上げ |

非課税となる社会福祉事業について

**Q1-2　消費税の非課税取引** の「⑦介護サービスなど」について、市町村などの役所も間違えていた、という報道が令和5年10月になされました。少しくわしく見てみましょう。

次のような社会福祉事業は **Q1-2　消費税の非課税取引** の「⑦介護サービスなど」に当てはまり、消費税が非課税とされています。非課税である理由は社会政策的な配慮によるものです。
- 老人に対する訪問介護など
- 老人のデイサービス
- 認可保育所などの経営
- 障害者支援施設の経営

しかし、市町村が社会福祉法人等に委託する「障害者相談支援事業」は社会福祉法上の社会福祉事業に該当しないため、非課税である「⑦介護サービスなど」に当てはまりません。この障害者相談支援事業を「消費税の非課税取引」と誤認していた市町村、社会福祉法人等が多数あることが令和5年10月の報道で明らかとなりました。「消費税の非課税取引」と誤認していた市町村は受託先に消費税分を支払っておらず、同様に誤認した社会福祉法人等は消費税を申告・納付していなかった、という状況になっていたので、市町村はあらためて消費税分を支払い、社会福祉法人等は修正申告を行うこととなりました。

営む事業の内容が **Q1-2　消費税の非課税取引** に挙げた取引に該当するかどうかは、市町村などの役所も間違えてしまうことがあるくらい難しいもので、消費税法のほか関係する法律もしっかり確認しなければなりません。心配なときは、専門家や税務署等に問合せをしてください。

# こんなときはこの届出書／申請書

　消費税に関する届出書や申請書は数多くあります。どんなときに、どのような届出書を、いつまでに提出しなければならないか整理しておきましょう。

インボイス発行事業者関係

| どんなとき？ | 届出書／申請書の名前 | いつまで？ |
|---|---|---|
| 課税事業者がインボイス発行事業者の登録を受けようとするとき | 適格請求書発行事業者の登録申請書 | 登録され次第、インボイス発行事業者となります。<br>▶提出時に課税事業者である場合、「○○までに申請書を提出することで、△△から〜」という区切りはありません。 |
| 設立第1期の期首からインボイス発行事業者の登録を受けようとするとき | ●適格請求書発行事業者の登録申請書<br>●消費税課税事業者選択届出書 | 設立第1期の事業年度の末日まで<br>▶令和11年9月30日までに設立された場合は消費税課税事業者選択届出書の提出は不要です。 |
| 免税事業者がインボイス発行事業者の登録を受けようとするとき<br>※令和11年9月30日までの日の属する課税期間まで | 適格請求書発行事業者の登録申請書 | インボイス発行事業者になることを希望する日（登録希望日）の15日前の日 |
| 免税事業者がインボイス発行事業者の登録を受けようとするとき<br>※令和11年9月30日までの日の属する課税期間の翌課税期間以後 | ●消費税課税事業者選択届出書<br>●適格請求書発行事業者の登録申請書 | インボイス発行事業者になることを希望する課税期間の初日から起算して15日前の日 |
| インボイス発行事業者をやめようとするとき | 適格請求書発行事業者の登録の取消しを求める旨の届出書 | インボイス発行事業者をやめようとする課税期間の初日から起算して15日前の日<br>▶課税期間の中途にインボイス発行事業者をやめることはできません。 |

## インボイス発行事業者の登録を受けていない事業者に関わる届出書／申請書

| どんなとき？ | 届出書／申請書の名前 | いつまで？ |
| --- | --- | --- |
| 現在、免税事業者で、事業年度の課税売上高が1,000万円を超えたため、翌々事業年度から課税事業者となる場合 | 消費税課税事業者届出書（基準期間用） | 速やかに。 |
| 現在、課税事業者で、事業年度の課税売上高が1,000万円以下となったため翌々事業年度から免税事業者となる場合 | 消費税の納税義務者でなくなった旨の届出書 | 速やかに。<br>▶消費税課税事業者選択届出書を提出している場合や高額な資産を取得した場合など、免税事業者にならない場合もあります。 |
| 免税事業者が多額の設備投資を行う、あるいは輸出取引を行うなどの理由により消費税の還付を受けたい場合 | 消費税課税事業者選択届出書 | 還付を受けたい課税期間の初日の前日まで<br>▶2期前の課税売上高が1,000万円超である場合等、この届出書にかかわらず、課税事業者となる場合があります。 |
| 課税事業者選択をやめようとする場合 | 消費税課税事業者選択不適用届出書 | 課税事業者選択をやめようとする課税期間の初日の前日まで<br>▶消費税課税事業者選択届出書の効力が生じてから一定期間経過していない場合などは提出に制限があります。 |

巻末付録

**インボイス発行事業者の登録に関係なく、すべての課税事業者**

| どんなとき？ | 届出書／申請書の名前 | いつまで？ |
|---|---|---|
| 本店を移転、会社名を変更、代表者の氏名や住所、事業年度、資本金が変わった場合など | 法人の消費税異動届出書 | 速やかに。 |
| 資本金1,000万円以上の法人を設立した場合や、第1期中に増資をして第2期の期首の資本金が1,000万円以上となった場合 | 消費税の新設法人に該当する旨の届出書 | 速やかに。 |
| 課税期間を3か月あるいは1か月ごとに短縮したい場合 | 消費税課税期間特例選択・変更届出書 | 短縮しようとする期間の初日の前日まで |
| 課税期間の短縮をやめたい場合 | 消費税課税期間特例選択不適用届出書 | 短縮をやめようとする期間の初日の前日まで<br>▶短縮してから2年間はやめることができません。 |
| 簡易課税制度により納付税額を計算しようとする場合 | 消費税簡易課税制度選択届出書 | 簡易課税制度により納付税額を計算しようとする課税期間の初日の前日まで<br>▶高額な資産を取得した場合など消費税簡易課税制度選択届出書の提出に制限がある場合もあります。 |
| 簡易課税制度により納付税額を計算することをやめようとする場合 | 消費税簡易課税制度選択不適用届出書 | 簡易課税制度により納付税額を計算することをやめようとする課税期間の初日の前日まで<br>▶消費税簡易課税制度選択届出書の効力が生じてから一定期間経過していない場合などは提出に制限があります。 |
| 災害などにより被害を受け、その被害の生じた日の属する課税期間について簡易課税の適用を受けようとする場合または簡易課税をやめようとする場合 | ●災害等による消費税簡易課税制度選択（不適用）届出に係る特例承認申請書<br>●消費税簡易課税制度選択届出書または消費税簡易課税制度選択不適用届出書 | 災害その他やむを得ない理由のやんだ日から2か月以内 |

# この売上げの税率は？

　飲食料品の販売は軽減税率8％、飲食料品以外の販売は標準税率10％ですが、すぐに判断できないものも多くあります。

| 商　品 | 税　率 |
|---|---|
| お酒 | 標準税率10％ |
| 医薬品 | 標準税率10％ |
| ノンアルコールビール | 軽減税率8％ |
| ショッピングモールのフードコートに出店した。テーブルやいすはショッピングモールの所有である。 | 標準税率10％ |
| テイクアウト | 軽減税率8％ |
| 食べきれなかった料理のお持ち帰り | 標準税率10％ |
| おまけつきのお菓子 | 税抜き価格が1万円以下で食品の価格の占める割合が3分の2以上であれば、軽減税率8％ |
| ペットフード | 標準税率10％ |
| 果物の苗木 | 標準税率10％ |
| ウォーターサーバーのレンタル料 | 標準税率10％ |
| ウォーターサーバーの水 | 軽減税率8％ |
| 重曹、クエン酸 | 食品添加物として販売されれば軽減税率8％ |
| 当社が食品として販売したものを、売上先が化粧品の原料として使用する場合 | 軽減税率8％ |
| ビール用の炭酸ガス | 軽減税率8％ |
| 飲食店が酒屋さんから受け取る空き瓶代 | 標準税率10％ |
| 活魚（食用） | 軽減税率8％ |
| カタログギフトで飲食料品を選んだ場合 | 標準税率10％ |

巻末付録

# 迷いやすい簡易課税の事業区分

　簡易課税の事業区分は事業の種類によって決まりますが、取引相手や加工の程度によって別の事業として扱われることがあります。迷いやすいものを整理しましょう。

### 卸売業・小売業と間違いやすい事業

| 事業の内容 | 事業区分 |
| --- | --- |
| 洋服屋さんが仕入れ商品を販売した。 | 購入者が事業者なら第一種事業、消費者なら第二種事業 |
| 洋服屋さんが仕入れ商品を消費者に販売したとき、ズボンの裾上げを行って、商品代金のほかに加工賃も受け取った。 | 商品代金は第二種事業、加工賃は第三種事業 |
| オーダーメイドのスーツを販売している。 | 第三種事業 |
| 酒屋さんが飲食店から注文を請け、お店にお酒を配達した。 | 第一種事業 |
| 酒屋さんが店頭で消費者にお酒を販売した。 | 第二種事業 |
| 魚屋さんが仕入れたマグロを切り身にして消費者に販売した。 | 第二種事業 |
| 肉屋さんが鶏肉を切り分けて串刺しにし、タレに漬け込んで消費者に販売した。加熱はしていない。 | 第二種事業 |
| 肉屋さんが鶏肉を切り分けて串刺しにし、タレに漬け込んで焼いて消費者に販売した。 | 第三種事業 |

### 製造業・建設業と間違いやすい事業

| 事業の内容 | 事業区分 |
| --- | --- |
| 自ら材料を調達して、工場で製品を生産した。 | 第三種事業 |
| 材料の支給を受けて、工場で加工した。 | 第四種事業 |
| 生産管理のコンピュータシステムを受注制作した。 | 第五種事業 |
| 顧客から特注品の製造を受注したが、当社は製造設備がないので、外注先に製造を委託した。 | 第三種事業 |
| 組み立て式の家具を組み立てて消費者に販売した。 | 第二種事業 |

| | |
|---|---|
| 農家が食用のお米を生産して、販売した。 | 第二種事業 |
| 農家が観賞用の花を栽培して、販売した。 | 第三種事業 |
| 古くなった機械設備を売却した。 | 第四種事業 |
| 工場の加工くずを売却した。 | 第三種事業 |
| 機械の修理を行った。部品の取り換えが必要であったので、部品代と工賃を請求した。 | 部品代と工賃の合計が第五種事業 |

### サービス業・飲食店業と間違いやすい事業

| 事業の内容 | 事業区分 |
|---|---|
| 飲食店の店内でお客さんが食事をした。 | 第四種事業 |
| 飲食店でお客さんがテイクアウトした。 | 第三種事業 |
| 出前で料理を届けた。 | 第四種事業 |
| パーティー会場に出張して料理を提供した。 | 第四種事業 |
| 生命保険の代理店をしている。 | 第五種事業 |

### 不動産業と間違いやすい事業

| 事業の内容 | 事業区分 |
|---|---|
| 大家さんとしてオフィスビルを賃貸している。 | 第六種事業 |
| 土地活用のため、コンテナを設置して賃貸している。 | 第六種事業 |
| 土地活用のため、アスファルトを敷いて、駐車場として整備し賃貸している。 | 第六種事業 |
| 不動産屋さんとして、不動産売買の仲介をした。 | 第六種事業 |
| 建売住宅を建築して、消費者に売った。 | 第三種事業 |
| 不動産屋さんとして、大家さんに代わって家賃を徴収したり、物件の管理をしている。 | 第六種事業 |
| 倉庫でお客様から預かった荷物を保管している。 | 第五種事業 |

# 一般課税？ 簡易課税？ 確認フローチャート

　一般課税か簡易課税かはその課税期間が始まる前にほぼ決まっています[※]。翌課税期間がいずれであるのかは次のように判定します。

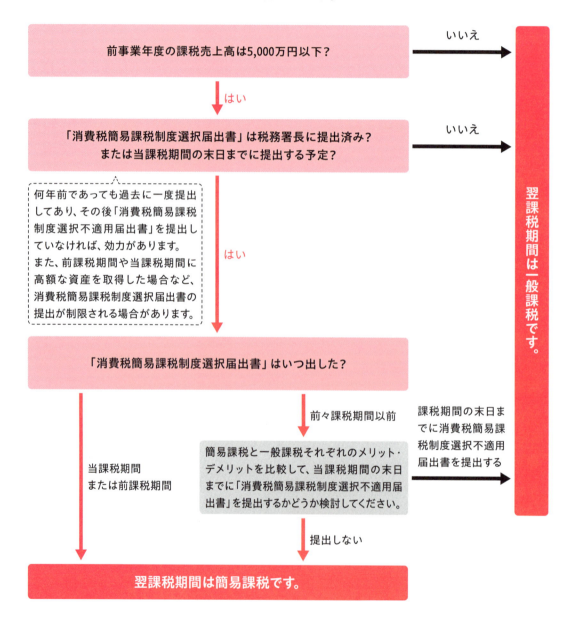

[※] 課税期間が始まった後に、その課税期間について一般課税か簡易課税かいずれにするかを決めることができるのは設立第1期である場合や、インボイス発行事業者の登録を受けたことにより課税期間の中途から課税事業者となった場合です。その課税期間の末日までに消費税簡易課税制度選択届出書を提出することによりその課税期間から簡易課税の適用を受けることができます。

# 課税事業者／免税事業者判定フローチャート

当課税期間が課税事業者か免税事業者かは次のフローで判定します。

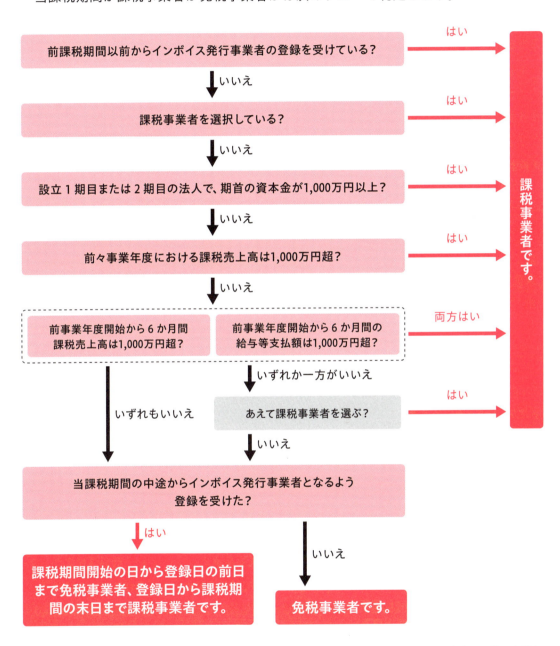

（注）　前々事業年度や前事業年度において高額な資産（棚卸資産を含む）を購入した事業者や、前々事業年度から当期において合併をした法人など、特殊な事情のある事業者の判定は含まれていません。

# 高額な資産の取得による影響チェック

　高額な資産を取得した場合には、2事業年度前の課税売上高にかかわらず免税事業者になれない、簡易課税の適用を受けられないなどの制限があります。基本的なケースを確認しておきましょう。

　前提として、法人の事業年度は設立初年度からずっと12か月ごとであり、課税期間の短縮はないものとします。

## ケース1

- 資本金1,000万円で法人を設立。第1期は一般課税で申告する予定で、消費税簡易課税制度選択届出書はまだ提出していない。

| ケース | 課税事業者？免税事業者？ | 一般課税？簡易課税？ |
|---|---|---|
| 第1期に税抜き100万円以上の営業車を購入した。 | 第3期まで課税事業者 | 第3期まで一般課税 |
| 第1期には特に固定資産の購入をしていない。 | 第2期まで課税事業者。第3期は第1期の課税売上高により判定 | 第2期が始まる前に消費税簡易課税制度選択届出書を提出すれば、第2期は簡易課税となる。 |

　1回の取引単位につき税抜き100万円以上の固定資産を調整対象固定資産といいます。期首の資本金が1,000万円以上であることにより課税事業者となる課税期間中に調整対象固定資産を取得し、一般課税で申告した場合は、翌課税期間、翌々課税期間は一般課税による申告が必要です。

## ケース2

- 個人事業主として飲食店をオープンした。消費税簡易課税制度選択届出書は提出していない。

| ケース | 課税事業者？免税事業者？ | 一般課税？簡易課税？ |
|---|---|---|
| 設備にかかった消費税の還付を受けたかったので、オープンした年に消費税課税事業者選択届出書を提出し、一般課税で申告した。導入した設備には税抜き100万円以上のものもある。 | 3年目まで課税事業者 | 3年目まで一般課税 |

| ケース | 課税事業者？<br>免税事業者？ | 一般課税？<br>簡易課税？ |
|---|---|---|
| 設備にかかった消費税の還付を受けたかったので、オープンした年に消費税課税事業者選択届出書を提出し、一般課税で申告した。<br>設備はすべて税抜き100万円未満のものでそろえた。 | ▶ 2年目まで課税事業者。3年目が始まる前に消費税課税事業者選択不適用届出書を提出すれば、3年目が課税事業者となるかどうかは1年目の課税売上高により判定 | 2年目が始まる前に消費税簡易課税制度選択届出書を提出すれば、2年目に簡易課税の適用を受けることができる。 |
| 消費税課税事業者選択はしなかった。 | ▶ 開業初年度と2年目は免税事業者。3年目は1年目の課税売上高により判定 | 3年目に簡易課税にできるかどうかは1年目の課税売上高と消費税簡易課税制度選択届出書の提出の有無による。 |

　消費税課税事業者選択届出書を提出したことにより課税事業者となった課税期間あるいはその次の課税期間に調整対象固定資産を取得して一般課税で申告した場合、翌課税期間、翌々課税期間は一般課税による申告が必要です。

### ケース3

- 設立から10年以上の建設会社である。これまで消費税簡易課税制度選択届出書を提出したことはない。

| ケース | 課税事業者？<br>免税事業者？ | 一般課税？<br>簡易課税？ |
|---|---|---|
| 税抜き1,000万円以上の中古住宅を仕入れて、リフォームをして販売した。 | ▶ 翌期、翌々期は課税事業者 | 翌期、翌々期は必ず一般課税 |
| リフォーム工事を請け負っており、棚卸資産として物件を仕入れたことはない。 | ▶ 翌期、翌々期が課税事業者かどうかは、前期や当期の課税売上高により判定する。 | 翌期あるいは翌々期が始まる前に消費税簡易課税制度選択届出書を提出し、2期前の課税売上高が5,000万円以下という要件を満たせば簡易課税。 |

　1回の取引単位につき税抜き1,000万円以上の棚卸資産や調整対象固定資産を高額特定資産といいます。高額特定資産を取得し、一般課税で申告した場合は翌課税期間、翌々課税期間は一般課税による申告が必要です（取得した課税期間より前の課税期間に消費税簡易課税制度選択届出書を提出済みの場合、2期前の課税売上高が5,000万円以下であれば簡易課税となります）。

# インボイスチェックリスト

領収証を受け取ったら、次の記載を確認しましょう。

| 項　目 | チェックポイント |
|---|---|
| 日付 | 書いてあるか？ |
| 金額と税率 | 品物やサービスの税抜金額または税込金額を税率ごと区分して合計した金額とそれぞれの税率が書いてあるか？<br>⚠注意点 購入した品物が標準税率のみ、軽減税率のみであっても税率の記載は必要。 |
| 消費税額 | 消費税額が税率ごとに区分して書いてあるか？<br>⚠注意点 飲食店、小売店、タクシーなどの場合は税率と消費税額のいずれかの記載でよい。 |
| 取引内容 | ただし書きなど取引内容が書いてあるか？<br>⚠注意点 「品代」は望ましくない。 |
| 取引内容（飲食料品など） | 飲食料品を購入したときは、「軽減税率対象」であることがわかるように書いてあるか？ |
| 領収証の発行者 | 領収証を発行した事業者の会社名や名称が書いてあるか？ |
| 登録番号 | 記載はあるか？ |
| 登録番号の内容 | 登録番号はTから始まる13桁であるか？ |
| 領収証の宛名 | 書いてあるか？<br>⚠注意点 飲食店、小売店、タクシーなどの場合は省略可。 |

# インボイス不要の取引一覧

　次の取引は一般的にはインボイスは交付されませんが、代わりとなる対応をすることで仕入税額控除できます。

| 項　目 | 代わりとなる対応 |
| --- | --- |
| 従業員に支給する通勤手当や日当 | 帳簿の記載<br>従業員の住所の記載は不要 |
| ３万円未満の公共交通機関（船舶、バスまたは鉄道）の利用 | 帳簿の記載<br>住所の記載は不要 |
| ３万円未満の自動販売機、自動サービス機の利用 | 帳簿の記載<br>自販機の所在地などの記載は不要 |
| 郵便切手を貼った手紙をポストに投函 | 切手の購入についての帳簿の記載<br>ポストの所在地などの記載は不要 |
| 入場券が使用の際に回収される取引 | 帳簿の記載<br>３万円未満の場合は住所の記載は不要 |
| 古物商営業、質屋または宅地建物取引業を営む者などが一般の消費者などから棚卸資産として古物などを買い取る場合<br>例えば、中古自動車販売業者が一般の消費者から車を買い取る場合や、不動産業者が一般の消費者から中古住宅を買い取る場合が当てはまります。 | 帳簿の記載<br>古物営業法などの規定で住所を記録することとされている取引相手以外は住所の記載不要 |
| １回の取引の税込金額が１万円未満であるもの（一定規模以下の事業者が行うものに限ります。令和11年９月30日までの期間限定です。） | 帳簿の記載<br>住所の記載は不要 |

　定期券代の領収証や特急列車の領収証など、事業者によってはインボイスを交付することもあります。

● 著者紹介

石川 幸恵（いしかわ ゆきえ）
税理士。石川幸恵税理士事務所所長。
金融系IT企業にてシステム開発に従事後、税理士業界へ転職。
平成29年税理士登録・独立開業。

気になるギモンを解消！
小さな会社の消費税Q&A

2024年11月20日　発行

著　者　石川　幸恵　ⓒ

発行社　小泉　定裕

発行所　株式会社 清文社

東京都文京区小石川1丁目3-25（小石川大国ビル）
〒112-0002　電話03（4332）1375　FAX03（4332）1376
大阪市北区天神橋2丁目北2-6（大和南森町ビル）
〒530-0041　電話06（6135）4050　FAX06（6135）4059
URL https://www.skattsei.co.jp/

印刷：亜細亜印刷㈱

■著作権法により無断複写複製は禁止されています。落丁本・乱丁本はお取り替えします。
■本書の内容に関するお問い合わせは編集部までFAX（03-4332-1378）又はメール（edit-e@skattsei.co.jp）でお願いします。
■本書の追録情報等は、当社ホームページ（https://www.skattsei.co.jp/）をご覧ください。

ISBN978-4-433-71844-2